(427e) Vente du Lundi 2 au Samedi 7 Décembre

RUE DROUOT, 9, SALLE N° 4

A UNE HEURE PRÉCISE

ESTAMPES

Des Maîtres Peintres et Graveurs

DU

XVIIIe SIÈCLE

EN NOIR ET EN COULEUR

FAISANT PARTIE

De la Collection de M. R...

EXPOSITION PUBLIQUE

Le Dimanche 1er Décembre 1878, de une heure à quatre heures.

Me MAURICE DELESTRE
COMMISSre-PRISEUR
Rue Drouot, no 27

M. VIGNÈRES
MARCHAND D'ESTAMPES
Rue de la Monnaie, no 21

PARIS — 1878

13078 - 50
11873 - 50
19188 - ..
16435 - ..
12985 - 50
9554 - 50
83,115 ..

83,11

100 affiches et affichage (colombier)	53	10	
Insertion au Moniteur des ventes	43	30	
Declaration de vente	2	20	
Timbre du Procès verbal	21	60	
Enregistrement	2078	50	
Versement en Bourse commune	2618	40	
Honoraires de Me Delestre	2618	40	
Clerc et Crieur	72		
Location de la salle 4. 7 jours	279	20	
900 Catalogues	1628		
Transport a l'hotel et Commissionnaire	45	10	
Pour supplement de travail	128		
Enregistrement de la décharge	3	75	
depenses de Vignières	4825	85	
	14437	40	
Deduction des 5 % des acquereurs	4155	75	10281
			72,833
			39
			92,438

achats 203. Canot la bourgeoise 20
210 Cases Vignettes [illegible] 5.
426 Debucourt [illegible] 300
1162 Moreau Corneille. 26. [illegible] 51
376
5 % 12 80

(427e)

CATALOGUE

ESTAMPES

ŒUVRES DES MAITRES

DU

XVIIIe SIÈCLE

Baudouin, Boissieu, Boucher, Campion, **Chardin**
Cochin, Coypel, **Debucourt**, de Troy, Eisen
Fragonard, Freudeberg, Greuze, Jeaurat, Lancret, Lavreince, Le Moine
Le Prince
Moreau le jeune (COSTUME PHYSIQUE ET MORAL et ILLUSTRATION)
Natoire, Pater, Pierre, Prudhon, Saint-Aubin, Taunay
Vanloo, Vernet, Vleughels, **Watteau**

EN NOIR ET EN COULEUR

Faisant partie de la Collection de M. R...

DONT LA VENTE AURA LIEU

HOTEL DES COMMISSAIRES-PRISEURS

RUE DROUOT, 9, SALLE N° 4

AU PREMIER ÉTAGE

Du Lundi 2 au Samedi 7 Décembre 1878

Par le ministère de **Me MAURICE DELESTRE**, Commissaire-Priseur,
rue Drouot, 27,
Successeur de M. DELBERGUE-CORMONT,
Assisté de **M. VIGNÈRES**, Marchand d'Estampes,
rue de la Monnaie, 21, à l'entre-sol,
CHEZ LEQUEL SE DISTRIBUE LE CATALOGUE.

EXPOSITION PUBLIQUE

Le Dimanche 1er Décembre 1878, de une heure à quatre heures.

PARIS — 1878

ORDRE DES VACATIONS

PREMIÈRE VACATION...............	N°s 1 à 273
DEUXIÈME VACATION...............	274 à 533
TROISIÈME VACATION..............	534 à 798
QUATRIÈME VACATION..............	799 à 1068
CINQUIÈME VACATION..............	1069 à 1328
SIXIÈME VACATION................	1329 à 1605

CONDITIONS DE LA VENTE

Au comptant.
CINQ POUR CENT en plus des enchères, applicables aux frais.

AVIS

Presque toutes les Pièces de cette belle Collection sont montées à charnières, sur cartes bleues. La plupart des Pièces en couleur sont montées à charnières, avec encadrements lavés et filets d'or comme des dessins.

Les Titres entre parenthèses ne sont pas sur les Estampes.

M. VIGNÈRES, chargé de la vente, remplira les Commissions.

M. VIGNÈRES se charge des Commissions dans les Ventes de Livres et Estampes autres que les siennes.

ÉCOLE FRANÇAISE

DU

XVIIIe SIÈCLE

PIÈCES EN NOIR ET EN COULEUR

ANONYME

1 — Jeune Fille coiffée d'un voile, tenant une corbeille de fleurs. Ovale équarri, avant toute lettre.
Superbe épreuve.

AUBERT (D'après L.)

2 — La Revendeuse à la toilette, par *Cl. Duflos.*
Belle épreuve, marge.

AUBRY (D'après E.)

3 — La Correction maternelle, par *de Longueil.*
Rare épreuve à l'état d'eau-forte pure, sans marge.

4 — La Bonté maternelle, par *Blot.*
Très-belle épreuve, petite marge.

I. B. F., 1723

5 — Motifs d'ornements, rinceaux pour émailleurs, 4. 5. 2 pièces.
Superbes épreuves, très-rares.

BABEL

6 — Dessin d'une pendule pour le grand sérail, dont les ornements doivent être d'or, les fleurs de diamants, le dedans du cartel une serinette, et le devant rempli d'une seule pierre de prix.

Très-belle épreuve, rare.

BAUDOUIN (D'après)

PIÈCES EN HAUTEUR

7 — Frontispice du catalogue de la vente du duc de Jallard. Petite eau-forte, in-8, par *Huquier* fils (E. Bocher 22).

8 — Le léger Vêtement. In-4, par *Chevillet* (E. B. 28).

Belle épreuve.

9 — Perette : Voilà, voilà la petite Laitière (E. B. 36). In-4, par *Guttemberg*.

Belle épreuve, marge, avant les vers dans la tablette, ombrée.

10 — Jusque dans la moindre chose. In-4 (E. B. 27), par *L.-J. Masquelier*.

Belle épreuve, marge, avant les vers dans la tablette, ombrée, état non décrit.

11 — Marton. Je vends des bouquets. In-4, par *N. Ponce* (E. B. 31).

Très-belle épreuve.

12 — (Les Amants surpris), par *Choffard*, 1767 (E. B. 3)

Belle épreuve.

13 — (Les Amours champêtres) : Deux jeunes filles regardant des pigeons, par *Choffard*, 1767 (E. B. 7).

Belle épreuve.

14 — Les Soins tardifs, par *N. De Launay* (E. B. 45).

Superbe épreuve, grande marge.

BAUDOUIN (D'après)

15 — La Rencontre dangereuse, par *Leveau* (E. B. 40).

Très-belle épreuve, marge.

16 — Annette et Lubin, par *N. Ponce* (E. B. 9).

Très-belle épreuve, grande marge, avant-dernier état.

17 — Les Cerises, par *N. Ponce* (E. B. 13).

Très-belle épreuve toute marge, avant-dernier état.

18 — Le Jardinier galant, par *Helman* (E. B. 25).

Superbe épreuve, très-grande marge.

19 — La Sentinelle en défaut, par *N. De Launay*, en 1771 (E. B. 44).

Superbe épreuve, très-grande marge, avant la dédicace.

20 — Rose et Colas, par *Simonet* (E. B. 42). 1er état.

Belle et rare épreuve d'eau-forte pure.

21 — La même avant toute lettre. 2e état.

Superbe épreuve, marge vierge.

22 — La même. 3e état, avec la lettre.

Superbe épreuve, très-grande marge.

23 — La Soirée des Tuileries, par *Simonet* (E. B. 47).

Superbe épreuve, très-grande marge.

24 — L'Amour à l'épreuve, *Beauvarlet* direxit (E. B. 5).

Superbe épreuve avant le changement, avec l'adresse de Marel, état non décrit, grande marge.

25 — L'Amour frivole, *Beauvarlet* direxit (E. B. 6).

Superbe épreuve avant l'adresse changée, grande marge.

26 — Le Matin, par *E. de Ghendt* (E. B. 32).

Superbe épreuve avant toute lettre et avant le changement.

BAUDOUIN (D'après)

27 — Le Matin, avant-dernier état (E. B. 32).

Très-belle épreuve, très-grande marge.

28 — Le Soir, par *E. de Ghendt* (E. B. 46).

Superbe épreuve avant la draperie, avant toute lettre, remargée à clairevoie.

29 — La Nuit, par *E. de Ghendt* (E. B. 35).

Superbe épreuve avant toute lettre, remargée à clairevoie.

30 — Le Curieux, par *P. Maleuvre* (E. B. 17).

Superbe épreuve, 4e des 6 états, toute marge.

31 — Le Danger du tête à tête, par *Simonet* (E. B. 18).

Très-belle épreuve avant toute lettre, avec les armes, 1er état terminé.

32 — Le Danger du tête à tête, entourage orné de rinceaux et de lierre.

Très-belle épreuve, toute marge.

33 — Le Carquois épuisé, par *N. De Launay* (E. B. 11).

Magnifique épreuve, très-grande marge.

34 — L'Épouse indiscrète, par *N. De Launay* (E. B. 21).

Magnifique épreuve, 3e des 5 états, très-grande marge.

35 — L'Épouse indiscrète. Avant-dernier état.

Superbe épreuve, grande marge.

36 — Le Lever, par *Massard*, en 1771 (E. B. 29).

Très-belle épreuve, très-grande marge, avant l'adresse changée.

37 — La Toilette, par *N. Ponce*, en 1771 (E. B. 48).

Superbe épreuve avant la lettre, 3e des 5 états, toute marge.

38 — La Toilette. Avant-dernier état.

Très-belle épreuve, toute marge.

BAUDOUIN (D'après)

39 — Le couché de la Mariée. Avant les armes, avant la lettre, avec *J.-M. Moreau, Le j.*, 1768 (E. B. 16).

Magnifique épreuve, marge.

40 — Le couché de la Mariée, par *J.-M. Moreau, le j.* et *Simonet* (E. B. 16).

Très-belle épreuve, marge.

41 — L'Enlèvement nocturne, par *N. Ponce* (E. B. 20).

Rare épreuve d'eau-forte pure.

42 — L'Enlèvement nocturne, par *Nicolas Ponce* (E. B. 20).

Magnifique épreuve avant l'adresse changée, très-grande marge.

43 — Le Fruit de l'Amour secret, par *Voyez Junior* (E. B. 23).

Superbe épreuve avec les armes, avant toute lettre avec les armes, grande marge.

44 — Le Fruit de l'Amour secret, par *Voyez Junior* (E. B. 23).

Très-belle épreuve, très-grande marge.

45 — Le Chemin de la Fortune, par *Voyez Major* (E. B. 14).

Très-belle épreuve.

46 — Le Modèle honnête, par *J.-M. Moreau le j. s.*, 1770, (E. B. 34.)

Rare épreuve d'eau-forte pure.

47 — Le Modèle honnête, par *J.-B. Simonet* (E. B. 34).

Très-belle épreuve avant les armes et avant la dédicace.

48 — Le Rendez-vous, par *L. Bonnet*, 1771 (E. B. 41).

Très-belle épreuve d'un fac-simile de pastel.

BAUDOUIN (D'après)

PIÈCES EN TRAVERS

49 — Le poète Anacréon, par *N. De Launay* (E. B. 38). 1er état terminé, avec le titre seul.

Magnifique épreuve, toute marge.

50 — Le Confessionnal, par *P.-E. Moitte* (E. B. 15).

Superbe épreuve avant la lettre, avec les noms d'artistes, toute marge.

51 — Le Confessionnal (E. B. 15). — Le Catéchisme des demoiselles (E. B. 12). 2 pièces, par *P.-E. Moitte.*

Très-belles épreuves, très-grande marge.

BÉNARD (D'après)

52 — Le Gage de l'amitié. — La Reconnaissance du berger. 2 pièces, par *E. Danzel.*

Très-belles épreuves, grande marge.

BERTAUX (D'après), 1776

53 — Le Charlatan allemand, par *Helman.*

Superbe épreuve petit in-fol. avant la dédicace, marge.

BERTIN (G.)

54 — Judith. Eau-forte rare.

BERTIN (D'après N.)

PIÈCES EN HAUTEUR

55 — Blanditur vitium species virtutis, etc. (Leda). In-4, par *B. Picard.*

Superbe épreuve.

BERTIN (D'après N.)

56 — Clytie, abandonnée par le Soleil, est changée en tournesol, par *Duchange*.

Superbe épreuve, marge.

57 — Le Gland et la Citrouille, par *Le Vasseur*. Fable de La Fontaine.

Belle épreuve.

(Voir Contes de La Fontaine, n°s 506-534 à 556).

58 — Pan bruslé pour Syrinx, etc., par *B. Baron*, 1715.

Superbe épreuve, marge.

59 — (Le sacrifice d'Iphigénie), par *Marie Horthemels*.

Superbe épreuve, marge.

PIÈCES EN TRAVERS

60 — (Jésus et la Madeleine), par *Tardieu*.

Magnifique épreuve, grande marge.

61 — Jacob poursuivi par Laban, etc., par *C. Cochin*.

Belle épreuve.

BLANCHARD (D'après J.)

62 — Angélique et Médore, par *Voyez l'Aîné*, 1771.

Très-belle épreuve avant la lettre, marge.

63 — La même. Avec la lettre.

Belle épreuve, petite marge.

BLANCHET (D'après L.-G.), 1737

64 — Académie d'homme mort. Sanguine, grand in-fol., par *Demarteau* (66).

Superbe épreuve.

BOILLY (D'après Louis)

PIÈCES EN HAUTEUR

65 — Le Libéral. — L'Ultra. 2 pièces, par Mlle *Hulot*. In-4.
Très-belles épreuves, très-grandes marges.

66 — L'Amant poète, par *J.-P. Levilly*. In-fol.
Belle épreuve, toute marge.

67 — Ça ira, par *Mathias*. In-fol.
Très-belle épreuve avant toute lettre, marge.

68 — Ça a été, par *Texier*. In-fol.
Très-belle épreuve ~~avant toute lettre~~, marge.

69 — Honni soit qui mal y pense, par *J. Bonnefoy*. 1792.
Superbe épreuve avant la lettre, marge.

70 — Avant la toilette.
Très-belle épreuve avant toute lettre.

71 — Avant la toilette, sans nom d'artiste.
Très-belle épreuve, marge.

72 — La Serinette, par *Honoré*.
Belle épreuve, marge.

73 — La douce Résistance, par *S. Tresca*.
Très-belle épreuve, la marge du cuivre.

74 — Que n'y est-il encore ! par *Petit*.
Très-belle épreuve, marge.

75 — La Cocarde nationale. Ah ! qu'il est gentil, par *Augustin le Grand*.
Superbe et rare épreuve, grande marge.

BOILLY (D'après Louis)

PIÈCES EN TRAVERS

76 — La Leçon d'union conjugale, par *Petit*.
Belle épreuve, marge.

77 — L'Amant préféré, par *Petit*.
Très-belle épreuve avant la lettre.

78 — Le Portrait, par *Al. Chaponnier*.
Très-belle épreuve avant la lettre, grand in-fol.

BOISSIEU (J.-J. de)

Toutes ces pièces sont belles épreuves

79 — Saint Jérôme (Rigal 2). — Les Pères du désert (R. 3). 2 pièces sur chine.

80 — Les Pères du désert. Ancienne épreuve (R. 3).

81 — L'Écrivain public (R. 8).— Les grands Tonneliers (R. 9). 2 pièces, anciennes épreuves. — Les grands Tonneliers, sur chine; en tout, 3 pièces.

82 — Les Joueurs de boules (R. 10). Sur chine et sur blanc, 2 pièces.

83 — L'Hermitage (R. 11). Sur chine et sur blanc, 2 pièces.

84 — Intérieur de ferme (R. 12). — Le Maître d'école (R. 14). Sur chine, 2 pièces.

85 — Vieillard faisant lire un enfant (R. 18). Eau-forte pure, rare, état avant le double point après le monogramme. — Le même, terminé, ancienne, 2 pièces.
Superbes épreuves.

86 — Enfants jouant avec un chien (R. 19). Ancienne épreuve, papier vergé.

BOISSIEU (J.-J. de)

87 — La Leçon de botanique (R. 20), sur blanc.

Et une superbe épreuve sur chine volant, avec la marque de l'étau dans le haut de la marge, 2 pièces.

88 — Fête champêtre (R. 21). Ancienne épreuve.

89. — Les petits Charlatans (R. 22), 2 épreuves dont une avant l'astérisque, anciennes épreuves.

90. — Deux enfants jouant avec des bulles de savon (R. 25).

Sur chine et sur blanc, 2 pièces.

91. — Peintre peignant un vieillard (R. 26). — Vieillard jouant du hautbois (R. 27). 2 pièces.

92. — Vieillard jouant de la vielle de la main gauche (R. 28).

93. — Temple de la Sybille, à Tivoli (R. 30).

94. — Vue d'Acquapendante (R. 33). — Sépulcre de Cecilia Metella (R. 35). Sur chine, 2 pièces.

95. — Vue du pont Lucano (R. 36). Ancienne épreuve. — Les petits Maçons (R. 38). Sur chine. — Vue de Sainte-Colombe (R. 39). 3 pièces.

96. — Vue près de l'Arbresle (R. 40). Sur Japon, autre sur chine. — Vue de Saint-Andéole (R. 41). 3 pièces.

97. — Vue de Champ-Verd (R. 43). — Château de Madrid, près Paris (R. 44). 2 pièces.

98. — Vue du chemin de Fontainebleau à Bourou (R. 46). Sur chine volant — sur chine — ancienne épreuve, papier vergé. — Entrée de la forêt de Fontainebleau (R. 47). — Fontaine de Choulan (R. 48). — Cascades (R. 49). — Chute d'eau tombant d'une maison très-élevée (R. 50). Ancienne épreuve avec un seul point après D. B. F. — Épreuve sur chine avec D. B. F., 8 pièces.

BOISSIEU (J.-J. de)

99 — Les deux grandes Vaches passant le gué (R. 36). Papier vergé.

100 — Le Noyé (R. 57). Sur chine. — Le Pont de pierres (R. 58). Papier vergé — Sur chine, 3 pièces.

101 — Villageois se reposant au coin d'un bois (R. 59). — L'Oratoire (R. 60), ancienne épreuve, papier vergé. — Autre, de la collection R. Duménil. 3 pièces.

102 — La Cascade (R. 62), papier vergé. — Paysage (R. 64), sur chine. 2 pièces.

103 — La Digue (R. 66), sur papier du Japon. Superbe.

104 — Pavillon des ci-devant Carmes déchaussés de Lyon (R. 68). — La Cascade (R. 62). 2 pièces avec le cachet de Frauenholz.

105 — Bateau en réparation (R. 69), ancienne épreuve papier vergé. — Autre, papier vélin. 2 pièces.

106 — Entrée de forêt (R. 71), sur chine. — Épreuve coloriée. — Autre Entrée de forêt (R. 72), ancienne épreuve papier vergé. 3 pièces.

107 — Paysage avec baraque (R. 75). — Le Gué (R. 76). — L'Anesse et l'Anon (R. 77), papier du Japon. — Autre, papier de Chine. — Le Chasseur (R. 78), papier vergé. — Et papier de Chine. 6 pièces.

108 — Moulin d'Italie (R. 81), ancienne épreuve avant l'astérisque. — Papier de Chine volant. — Autre avec l'astérisque. 3 pièces.

109 — Le petit Pont couvert de planches (R. 83), sur chine. — Suite de 6 paysages (R. 94 à 99), adresse de veuve Chereau avant celle de Jean. 7 pièces.

BOISSIEU (J.-J. de)

110 — Vieillard à front chauve (R. 103), ancienne épreuve. — Homme tourné à gauche (R. 105). 2 pièces.

111 — Vieille, dite la Boudeuse (R. 106), ancienne épreuve, papier vergé.

112 — Études de têtes, avec l'Homme qui pince de la guitare (R. 110), papier de Chine volant. — Autre sur Chine. — Huit Études de têtes (R. 111). 3 pièces.

113 — Vieillard avec bonnet (R. 104). — Portrait d'homme, d'après *Van Dyck* (R. 126). 2 pièces, papier vergé.

Anciennes et superbes épreuves.

114 — Portrait d'homme, d'après *Van Dyck* (R. 126), ancienne et première épreuve avant le second point, papier vergé. — Homme, d'après *Teniers* (R. 127), sur Chine. 2 pièces.

115 — Le Gué (R. 131), papier vergé. — Le Gué (R. 132), sur chine. — Sur blanc. 3 pièces d'après *Berghem.*

116 — La Digue rompue (R. 133), papier vergé. — Sur chine. 2 pièces.

117 — Le Moulin à eau, d'après *Ruysdaël* (R. 135), ancienne épreuve, papier vergé.

118 — Le même (R. 135), ancienne épreuve lavée à l'encre de Chine par le maître. — Autre épreuve sur Chine. 2 pièces.

119 — Le Moulin, de *Ruysdaël* (R. 136), ancienne épreuve, papier vergé. — Autre, papier de Chine. 2 pièces.

120 — Le Champ de blé, d'après *Ruysdaël* (R. 137), ancienne épreuve. — Papier de Chine. 2 pièces.

BOISSIEU (J.-J. de)

121 — Le Pâtre et le Taureau traversant la rivière (R. 138), papier vergé teinté.

122. — Le Charlatan, d'après *K. du Jardin* (R. 140), ancienne épreuve, avant les coins et le ciel terminés. — Le même, avec les coins terminés. 2 pièces.

BOREL (D'après)

PIÈCES EN HAUTEUR

123 — L'Indiscret. Eau-forte pure, très-rare, avant toute lettre.

Très-belle épreuve.

124 — Le Don intéressé, par *E. Voysard.*

Superbe épreuve, toute marge.

125. — La Morale inutile, par *F. Voizard.*

Très-belle épreuve, grande marge.

PIÈCES EN TRAVERS

126. — L'Innocence en danger, par *F. Huot,* 1793. 1re estampe de la suite de la Paysanne pervertie.

Très-belle épreuve, toute marge.

127. — La Faute est faite, permettez qu'il la répare, par *Anselin.*

Très-belle épreuve, toute marge.

128. — L'Alaitement maternel encouragé, par *E. Voysard.*

Belle épreuve, marge.

BOUCHARDON (D'après Edme)

129 — Les Armes de la ville de Paris, soutenues par deux amours, par *P. Soubeyran*. In-4.

Superbe épreuve.

130 — (Vénus cherchant à retenir l'Amour). — (Vénus corrigeant l'Amour). 2 pièces par *C...* (Caylus) et *Et. Fessard*.

Belles épreuves.

131 — Écorché vu devant (14). — Écorché vu de dos (16), par *Charpentier*. — Académie d'hommes assis, la figure cachée (12), par *P. Aveline*. 3 p.

Belles épreuves.

132 — Second Livre de diverses figures d'académies, 12 p. par *Aveline* et autres.

Superbes épreuves, toute marge.

133 — Vue de la fontaine de Grenelle, à Paris, avant toute lettre.

Belle épreuve.

134 — Ulysse évoque l'ombre de Tiresias, par *C.* et *Fessard*.

135 — Triomphe d'Amphitrite. — Les Festes Lupercales. 2 pièces grand in-fol. par *C.* et *Fessard*.

Belles épreuves pliées en deux, grande marge.

136 — Tête d'homme barbu, sanguine, grandeur naturelle, par *Demarteau* (265).

Belle épreuve.

137 — Académie d'homme vu de dos, par *Demarteau* (343).

Très-belle épreuve, sanguine grand in-fol.

138 — Académie d'homme vu de dos, tenant un disque, par *Demarteau* (456).

Très-belle épreuve, sanguine grand in-fol.

138

BOUCHARDON (D'après Edme)

139 — Académie d'homme tenant un bâton, par *Demarteau* (479).

Très-belle épreuve, sanguine grand in-fol.

140 — Académie d'homme couché, 21ᵉ figure, par *Bonnet*.

Très-belle épreuve, sanguine grand in-fol.

BOUCHER (D'après François)

PIÈCES EN HAUTEUR

141 — Tombeau de Mˡˡᵉ Dor. Saudow, à Berlin, par *Eberts*.

Très-belle épreuve, petite marge.

142 — Le Tribut de la reconnaissance, par *L.-H. Eberts*.

Superbe épreuve, marge.

143 — Dame chinoise. — Bastelleuse chinoise. — Musicien chinois. 3 pièces par *Huquier*.

Très-belles épreuves, marge.

144 — (Le Chinois marchand de chiens), par *Huquier*. — Le Jeu d'échecs chinois, par *Ingram*. 2 pièces.

Très-belles épreuves, marge.

145 — Second livre de Sujets et Pastorales. 6 pièces par *Huquier*.

Très-belles épreuves, marge.

146 — (Quatre Baigneuses), par *Huquier*.

Très belle épreuve, marge.

147 — (Bergère dormant surprise par son berger), par *Huquier*.

Belle épreuve.

BOUCHER (D'après François)

148 — Cartouches avec figures allégoriques, 4, 6, 8, 10, 12. 5 pièces par *Huquier*.

Très-belles épreuves.

149 — La Bergère attentive, par *Elluin*.

Superbe épreuve, marge vierge.

150 — L'Infortunée pourvoyeuse, par *P. Duverbret*.

Très-belle épreuve, grande marge.

151 — Les Grâces au bain, par *Ryland*.

152 — Pastorale. Panneau décoratif, par *Huquier*.

Très-belle épreuve.

153 — Le Sommeil interrompu, par *Beauvais*, avant toute lettre.

Très-belle épreuve.

154 — Le Goûter de l'automne, par *R. Gaillard*.

Belle épreuve.

155 — Le Messager discret, par *R. Gaillard*.

Très-belle épreuve, marge.

156 — Les Éléments. La Terre, l'Eau, le Feu. 3 pièces in-4 par *Chevillet*. — Enfants avec chat, chèvre, poisson, avant toute lettre. Collect. Camberlyn.

Très-belles épreuves, marge.

157 — Tombeau des hommes illustres de la Grande-Bretagne.

« Guillelmo comiti Cowper, cancellario;
« Sydneio, comiti Godolphin, thesaurario;
« Joanni Churchill, duci de Marlborough;
« Carolo Sackvill, comiti de Dorset et Middlesex.

4 pièces cartouches, ornées de figures allégoriques, mis au jour par les soins de *Eugène Mac Swini*. Rares.

Très-belles épreuves, grand in-fol.

BOUCHER (D'après François)

PIÈCES EN TRAVERS

158 — Les Charmes du printemps. — Les Plaisirs de l'été. — Les Délices de l'automne. — Les Amusements de l'hiver. 4 pièces par *Daullé*, dédiées à Mme de Pompadour. 51 Rapill

Très-belles épreuves.

159 — Arion, par *Saint-Aubin* et *Pasquier*, 1766. 15 Lacr

Épreuve avant la lettre. Sans marge

160 — Jupiter et Léda, avant toute lettre. 38 Lacr

Très-belle épreuve. mauv. état

161 — La petite École, sanguine par *Bonnet* (57). 4 Goupil

Superbe épreuve.

162 — (Sainte Famille), sanguine par *Demarteau* (194). 2

Superbe épreuve.

163 — Villageoise assise tenant une cruche, sanguine, par *Demarteau* (77). 3 Goupil

Superbe épreuve, marge.

164 — Petit Montreur de marmotte, sanguine par *Demarteau* (70). 1.50 Vig

Superbe épreuve.

165 — Jeune Villageoise donnant une pomme à un des trois enfants, sanguine par *Demarteau* (81). 6

Superbe épreuve, marge.

166 — Jeune Fille appuyée sur un cahier de musique, sanguine par *Demarteau* (127). 4.50 Blay

Superbe épreuve.

BOUCHER (D'après François)

167 — Tête de jeune fille, *Demarteau* (132). — Deux Têtes de jeunes filles, *Bonnet* (17). — Tête de jeune femme, *Demarteau* (20). 3 pièces sanguine.

168 — Académie d'homme vu de dos, accroupi vers des vases, sanguine par *Demarteau*.

Très-belle épreuve.

169 — L'Amour rendant hommage à sa mère, par *Janinet*.

Belle épreuve, ovale en couleur.

170 — Nymphes et Triton. Grand in-fol. (53), sanguine par *Demarteau*.

Très-belle épreuve.

BOULLONGNE (L. de), le père

171 — Martyre de saint Pierre (R. D. 6), 1649.

172 — Martyre de saint Paul (R. D. 8).

BOULOGNE (D'après)

173 — L'Architecture. Ovale en travers par *B. Audran*.

Très-belle épreuve, marge.

BOULLONGNE (D'après L. de)

174 — L'Eau, — le Feu, par *L. Desplaces*, 1718-1717. — L'Air, — la Terre, par *Carol. Dupuis*, 1718-1721. 4 pièces.

Très-belles épreuves grand in-fol.

BOURDON (D'après)

175 — Persée, les mains teintes encore du sang du monstre, etc., *F. Basan*, exc.

Belle épreuve, marge.

BOURDON (D'après

176. — Après l'embrasement de la ville de Troyes, Andromaque, femme d'Hector, etc., par *S. Bernard*.

Belle épreuve.

CAMPION (C.)

177. — Les petits Pâtés, Paysages et Marines, dédiés à Mlle Loir, 1762. 13 petites pièces rondes.

Superbes épreuves, marge.

178. — Le Matin, — le Midi, — le Soir, — la Nuit. 4. Paysages en hauteur, avec encadrements.

Superbes épreuves, marges.

179. — Paysages dans des ovales ornés. 4 pièces en travers imprimées sur la même feuille. — Paysages dans des ronds ornés. 4 pièces imprimées sur la même feuille. 8 pièces pour le poëme de la peinture.

Superbes épreuves, marge.

180. — Vue du port d'Antibes, avant toute lettre. — 1re Vue d'Antibes du côté des remparts. — 2e Vue d'Antibes du côté de la mer, avant la lettre. 3 pièces.

Superbes épreuves, marge.

181. — 1re Vue de Cannes, — 2e Vue de Cannes, — Vue de l'aqueduc de Fréjus, — Vue prise de la terrasse de la campagne de M. Barigue de Fontainieu, au quartier de Saint-Joseph. 4 pièces avant la lettre.

Superbes épreuves, marge.

182. — Vue de la chapelle Saint-Mémin. — Vue de Beaugency, avant la lettre. — 1re et 2e Vue de Blois, avant toute lettre. 4 pièces.

Superbes épreuves, marge.

CAMPION (C.)

183 — Vue de la Meuse, de l'Évêché de Blois, avant la lettre. — Vue du Martroy. — 1re et 2e Vue de Meung-sur-Loire. — 2e Vue de Meung-sur-Loire, avant la lettre. 5 pièces.

Superbes épreuves, marge.

184 — Vue du château de la Vrillière, avant la lettre.

Superbe épreuve, marge.

185 — Vue d'un château, avec *C. M.* pour armoiries.

Très-belle épreuve.

186 — Paysages, avec rivières et bateaux. 2 pièces avant toute lettre.

Superbes épreuves, marge.

187 — Groupe de neuf Personnages, avant toute lettre.

Superbe épreuve, marge.

188 — Deux petits Paysages ovales d'après Saint-Non. — Adam et Ève. — Louis XV et la cathédrale d'Orléans, médaille. — Paysage avec château en haut d'une montagne à gauche. 4 pièces.

Belles épreuves.

189 — Les Dédicaces, paysages divers d'après *David* et *Henry*. 6 pièces.

Superbes épreuves, marges.

190 — Paysages ronds, avec animaux, d'après *La Belle*. 2 pièces avant la lettre.

Superbes épreuves.

191 — Vignettes pour un roman. 4 pièces d'après *Monnet*, in-8, imprimées sur la même feuille.

Superbes épreuves, marge.

CAMPION (C.)

192 — Abraham et son fils. — Buste de jeune homme. — Buste de vieille. — Jacob pleurant la mort de Joseph. Jésus et la Samaritaine. 5 pièces d'après *Rembrandt*.

193 — Portrait de la cathédrale d'Orléans. — Vue de la chapelle. — Paysage d'après *Desfriches*. — Fleuron du frontispice du poëme sur la peinture. 4 pièces imprimées sur la même feuille.

Superbe épreuve, marge.

194 — Vue de la Chapelle, dédiée à M. de Guillonville. Petite pièce imprimée en rouge. — La Vue du colombier de Villecante, petite pièce imprimée en bleu. 2 pièces.

Superbes épreuves, marge.

195 — Deux Enfants supportent un troisième qui soutient un plateau avec trois verres. — Deux Paysans au repos. — Deux Chèvres. 3 pièces d'après *La Belle*. — Cavalier fait boire son cheval à une fontaine. 4 pièces.

196 — Toile d'un théâtre. — Repos de trois personnes. 2 pièces in-8, marge.

197 — Portrait de Espérance, Félicité, du Sablon, de Guillonville. Petit médaillon dans un entourage orné de fleurs, une petite marine au-dessus sur la même planche. — Un Rocher percé, fleuron au-dessous sur la même planche. — Entourage, contre-épreuve, avant le portrait. 3 pièces.

198 — Vignette du troisième chant de l'Hermite de Nortumberland, fleuron du deuxième chant. — Deux autres Vignettes et Fleurons. 3 pièces à deux sujets.

CAMPION (C.)

199 — Vignette et Fleuron pour le poëme le Village abandonné. — Trois autres Vignettes sur la même planche. 2 pièces.

Ces pièces sont toutes très-belles épreuves.

CAMPION DE TERSAN

200 — Vierge et Jésus, d'ap. *C. Maratte*. Petit in-4 octogone en travers.

Très-belle épreuve, marge.

201 — Ève. — Frises de têtes de nymphes, 2. 3 pièces sur la même feuille. — Nymphes empêchant l'Amour de lancer une flèche, dédié à l'abbé de Saint-Non. — Le Bacchant. — La Bacchante, sur la même feuille. 6 pièces.

Superbes épreuves, marge.

CANOT (D'après Ph.)

202 — Le Maître de danse, par *Le Bas*, 1745.

Superbe épreuve, très-grande marge.

203 — Le Souhait de la bonne année au grand papa, par *J.-Ph. Le Bas*.

Superbe épreuve, grande marge.

204 — Le Gâteau des Roys, par *J.-Ph. Le Bas*.

Superbe épreuve, très-grande marge.

CARESME (D'après Ph.)

205 — L'Espagnolette. — Le Baiser rendu. 2 pièces in-4, par *F. Flipart*.

Épreuves avec petite marge.

CARESME (D'après Ph.)

206 — La petite Thérèse, par *J. Couché*.

Belle épreuve avec les armes avant la dédicace.

207 — La même, dédiée à Mme de Blangermont.

Très-belle épreuve, petite marge.

CAZES (D'après P.)

208 — Danaé dans le fond de cette obscure tour. In-4 par *I. Desplaces*.

Superbe épreuve.

209 — Pyrame et Thisbé, par *Louis Lempereur*.

Belle épreuve, grande marge.

210 — Vignettes pour l'Histoire du Languedoc. 6 p. in-8 en travers, par *Cochin* et *Tardieu*.

Très-belles épreuves.

211 — Apollon et Issée, par *Vallée*. — Hercule et Omphale, par *Desplaces*. 2 pièces.

Belles épreuves.

CHALLE (D'après Michel-Ange)

212 — Les Appas multipliés, par *Dennel*, en hauteur.

Superbe épreuve avant toute lettre, marge.

213 — Milon de Crotone dévoré par un lion. — La mort d'Hercule, par *J.-Bapt. Michel*. 2 pièces.

Très-belles épreuves, marge.

214 — (Sommeil de Vénus), par *G.-R. Le Villain*, en travers.

Superbe épreuve avant la lettre, petite marge.

215 — The officious Waiting Woman, par *Chaponnier*.

Très-belle épreuve.

CHARDIN (D'après J.-B.-S.)

PIÈCES EN HAUTEUR

216 — (La petite Fille aux cerises), par *C.-N. Cochin* (E. B. 43). In-4.
Superbe épreuve, marge.

217 — (Le jeune Soldat), par *C.-N. Cochin* (E. B. 30). In-4.
Superbe épreuve.

218 — L'inclination de l'âge, par *P.-L. Surugue fils*, 1743.
Superbe épreuve, marge vierge.

219 — Les Osselets, par *Fillœul* (E. B. 39 bis).
Superbe épreuve, marge.

220 — Les Bouteilles de savon, par *Fillœul* (E. B. 8).
Superbe épreuve, petite marge.

221 — (Jeune Fille à la raquette (E. B. 29), avant *Lépicié, sculp.* 1742.
Superbe épreuve, marge.

222 — (Jeune Fille à la raquette), par *Lépicié* (E. B. 29).
Superbe épreuve, marge.

223 — (Étude d'homme), fac-simile de dessin à l'eau-forte, par *J. de Goncourt* (E. B. 19).
Superbe épreuve.

224 — (La Garde attentive ou les Aliments de la convalescence). Eau-forte par *J. de Goncourt* (E. B. 23).
Superbe épreuve.

225 — (Nature morte, le Gobelet d'argent). Eau-forte par *J. de Goncourt*.
Superbe épreuve.

CHARDIN (D'après J.-B.-S.)

226 — L'Écureuse (E. B. 16).— Le Garçon cabaretier (E. B. 22). 2 pièces par *C.-N. Cochin*.

Superbes épreuves, avant dernier état.

227 — (Le Dessinateur), par *J.-J. Flipart*.

Belle épreuve.

228 — (Le Dessinateur), réduction in-4 du même sens, par *E. Cécile Magimel*.

229 — (L'Ouvrière en tapisserie), par *J.-J. Flipart* (E. B. 40).

Belle épreuve, sans marge.

230 — (Dame cachetant une lettre), par *E. Fessard* (E. B. 12).

Très-belle épreuve, grande marge.

231 — L'Antiquaire, par *P.-L. Surugue* fils, 1743 (E. B. 2). Singe regardant une médaille.

Superbe épreuve, marge vierge.

232 — Le Peintre, par *P.-L. Surugue* fils, 1743 (E. B. 42). Singe peignant d'après la bosse.

Superbe épreuve, marge vierge.

233 — L'Aveugle, par *Surugue* fils (E. B. 4).

Superbe épreuve, toute marge.

234 — La Pourvoïeuse, par *Lépicié*, 1742 (E. B. 45) A.

Très-belle épreuve, grande marge.

235 — La Ratisseuse, par *Lépicié*, 1742 (E. B. 46) A.

Belle épreuve, grande marge.

236 — La Gouvernante, par *Lépicié*, 1739 (E. B. 24) A.

Belle épreuve, toute marge.

CHARDIN (D'après J.-B.-S.)

237 — La Mère laborieuse, par *Lépicié*, 1740 (E. B. 35) A.
Superbe épreuve, grande marge.

238 — La Mère laborieuse, par *Lemoine* (E. B. 35) C.

239 — Le Négligé ou Toilette du matin, par *Le Bas*, 1741 (E. B. 38) A.
Superbe épreuve, toute marge.

240 — Le Bénédicité, par *Lépicié*, 1744 (E. B. 5) A.
Superbe épreuve, marge.

241 — The Grace, par *L. Simon*. Manière noire (E. B. 5) D.
Très-belle épreuve, marge.

242 — Le Souffleur, par *Lépicié*, 1744 (E. B. 48).
Magnifique épreuve, toute marge.

243 — Les Amusements de la vie privée, par *L. Surugue*, 1747 (E. B. 1).
Magnifique épreuve, marge vierge.

244 — L'Œconome, par *J.-Ph. Le Bas*, 1754 (E. B. 39).
Magnifique épreuve, marge vierge.

245 — (La Serinette), par *L. Cars* (E. B. 47).
Superbe épreuve, marge.

246 — Le Château de cartes, par *Aveline* (E. B. 10).

PIÈCES EN TRAVERS

247 — Le Château de cartes, par *Lépicié* (E. B. 11) A.
Superbe épreuve, grande marge.

CHARDIN (D'après J.-B.-S.)

248 — Le Château de cartes, par *Simon Duflos* (E. B. 11) B. Contre-partie, le Garçon est dirigé à droite. — Le même sujet, grand in-8, par *De Marcenay*, avec quelques changements, un rideau (E. B. 20) D. 2 pièces.

Très-belle épreuve, marge.

249 — Le Château de cartes, par *Fillœul* (E. B. 20) B.

Superbe épreuve, toute marge.

250 — Dame prenant son thé, par *Fillœul* (E. B. 13).

Très-belle épreuve, marge.

251 — Le Toton, par *Lépicié*, 1742 (E. B. 50).

Superbe épreuve, marge.

252 — La Maîtresse d'école, par *Lépicié*, 1740 (E. B. 34) A. La même, contre-partie, par *Simon Duflos*. B. 2 pièces.

253 — (Enseigne de chirurgien). Eau-forte, par *J. de Goncourt*.

Superbe épreuve.

254 — La Fontaine, par *C.-N. Cochin* (E. B. 21) A.

Superbe épreuve, toute marge, avant dernier état.

255 — La Blanchisseuse, par *C.-N. Cochin* (E. B. 6) A.

Superbe épreuve, toute marge.

256 — La Blanchisseuse. Contre-partie en hauteur, par *C.-N. Cochin* (E. B. 6) B.

Très-belle épreuve, grande marge.

CHARDIN (D'après J.-B.-S.)

257 — L'Instant de la méditation, par *L. Surugue*, 1747 (E. B. 26) A.

Superbe épreuve, toute marge.

258 — Les Tours de cartes, par *P.-L. Surugue* fils, 1744 (E. B. 51) A.

Superbe épreuve, toute marge.

259 — Le Jeu de l'oye, par *P.-L. Surugue* fils, 1745 (E. B. 27) A.

Superbe épreuve, toute marge.

260 — La bonne Éducation, par *Le Bas* (E. B. 7).

Superbe épreuve, toute marge.

261 — Étude du Dessin, par *Le Bas* (E. B. 18).
Avec les noms d'artistes : *Chardin pinxit, 1749; Le Bas sculp.*, et après au bas de la rue *de la Harpe*.

Superbe épreuve, toute marge.

262 — La bonne Mère, par *J.-Mart. Weiss*, 1744 (E. B. 1) A.
En hauteur, dirigée à gauche.

Belle épreuve, toute marge.

263 — La bonne Mère. Contre-partie, par *Charpentier* (E. B. 1) B.

Épreuve, marge, avant, avec privilége du Roy.

264 — La même Estampe avec privilége du roy.

Belle épreuve, toute marge.

265 — Le Chat au fromage, par *Dupin* (E. B. 2).

Belle épreuve.

266 — Le Flûteur, par *Couché* (E. B. 4).

Belle épreuve.

CHARDIN (D'après J.-B.-S.)

267 — La Ménagère, par *P. Dupin* l'aîné (E. B. 6).

Très-belle épreuve, petite marge.

268 — Le petit Cavalier, par *Dupin* (E. B. 8).

Très-belle épreuve, marge.

269. — La Souricière. Réduction cintrée (E. B. 9) C.

Belle épreuve, marge vierge.

270 — (L'Écolier). Scais-tu d'où vient qu'un seul jour voit mourir, quatre vers. A Paris, chez *Huquier*, pièce attribuée.

Très-belle épreuve, marge vierge.

271 — La Gouvernante. — La Pourvoïeuse. 2 petites réductions cintrées.

Marges vierges.

272 — Le Benedicité. — La Gouvernante. — Le Négligé. — La Pourvoïeuse. — L'Écureuse. — La Mère laborieuse. 6 pièces à l'eau-forte, in-8, par *Charles Jacques*, qui a signé *Chardin sculp.*

Belles épreuves, toute marge.

273 — (La petite charière en couche). Charmante eau-forte, par *Saint-Non* (attribué à Chardin).

Superbe épreuve, petite marge.

CHARLIER (D'après)

274 — Un tendre engagement va plus loin qu'on ne pense, par *Elluin*.

Belle épreuve, petite marge.

275 — Le Sommeil d'Ariane, par *Janinet*.

Très-belle épreuve ovale en couleur.

CHARLIER (D'après)

276 — (Vénus désarmant l'Amour), par *Janinet.*

Très-belle épreuve avant toute lettre ovale en couleur.

277 — (Vénus réveillée par le souffle de Zéphir), par *Janinet.*

Très-belle épreuve avant toute lettre ovale en couleur.

278 — L'Emplète inutile, par *N. De Launay.*

Belle épreuve

CHOFFARD (P. Ph.)

279 — Titre du Cabinet Choiseul. In-4.

Très-belle épreuve, marge.

280 — Grand Fleuron : Enfants représentant les Arts et une Renommée, le tout surmonté de l'aigle russe à deux têtes, portant sur un bouclier *E. K. II.* In-4, 1788.

Superbe épreuve, marge.

281 — Quod vivit, amore utitur. In-4, 1780.

Superbe épreuve, toute marge.

282 — Vue du port de Messine avant le tremblement de terre, 1783. In-4.

Superbe épreuve, marge.

283 — Titre du Catalogue du cabinet Neyman. In-8, avant et avec la lettre, 2 pièces.

Très-belles épreuves.

284 — Fleurons pour l'histoire de Bourbon — et trophée de Musique. 3 pièces in-4.

Superbes épreuves, toute marge.

CLERMONT (D'après)

285 — Le Marchand d'huîtres. Fac-simile de dessin au crayon noir et sanguine, par *Demarteau* (454).

Superbe épreuve.

COCHIN (D'après C.-N.)

PIÈCES EN HAUTEUR

286 — Frontispice pour une Bible. In-4, par *C.-N. Cochin.*

Magnifique épreuve, grande marge.

287 — La charmante Catin. — Le Chanteur de cantiques. 2 pièces, par *Madeleine Cochin.*

Belles épreuves.

288 — L'Ouvrière en dentelle, par *Aveline.*

Superbe épreuve.

289 — La Ravaudeuse. — La Charbonnière. — Le Maçon. 3 pièces, par *Ravenet.* — La Blanchisseuse, par *Michelle-Marie Thévenard.* Adresse à Paris, rue Saint-Jacques, aux deux Pilliers d'Or. 4 pièces.

Très-belles épreuves.

290 — La Blanchisseuse, par *Michelle-Marie Thévenard.* 1er état. Adresse à Paris, chez Thévenard.

Très-belle épreuve, marge.

291 — (La Force). — (Le Commerce?). 2 statues pour accompagner le piédestal d'une statue de Louis XV, par *P.-E. Moitte.*

Superbes épreuves, petite marge.

292 — Panis hominum. Pièce en bistre, manière du crayon, par *fme Lingée.*

Superbe épreuve, marge.

COCHIN (D'après C.-N.)

293 — Sacrifice et Alliance jurée entre Idomenée et les princes grecs. — Idoménée, dirigé par Mentor, jouit de la félicité de ses peuples. 2 pièces in-4, sanguine, par *J.-B. Lucien*, avant la lettre. — Les mêmes, avec la lettre, pour les Aventures de Télémaque. 4 pièces.

Superbes épreuves.

294 — (La Communion de saint Louis). Sanguine, par *J.-B. Lucien*.

Superbe épreuve.

PIÈCES EN TRAVERS

295 — L'Enfance, par *C.-N. Cochin*. — La même. Eau-forte pure. — L'Adolescence, par *G.-F. Schmidt*, très-rare. — L'Age viril, par *Marie-Jeanne-Renard Dubos*. — La Vieillesse, par *Bauvais*, 5 pièces in-4.

Très-belles épreuves.

296 — Titre du plan de la ville de Reims, par *J. Massard*, 1769. Avant la lettre.

Superbe épreuve.

297 — Le Mystère de la Très-Sainte-Trinité. Sanguine, par *L. Bonnet*, 1776.

Superbe épreuve.

298 — Licurgue blessé dans une sédition. Sanguine, avant la lettre.

Belle épreuve, petite marge.

299 — Licurgue blessé dans une sédition. Sanguine, par *Demarteau* l'aîné.

Très-belle épreuve, marge.

COCHIN (D'après C.-N.)

300 — Le Plaisir des bonnes gens. In-4, par Mme *Lingée*.

301 — Le Ciel est ton école et le Soleil ton maître. Avant la lettre et avant la bordure — avec la lettre et la bordure. 2 pièces, in-8, par *Ponce*.

Superbes épreuves.

302 — Fernand Cortès. Avant et avec la lettre. 2 pièces in-8, par *Flipart*.

Très-belles épreuves.

303 — Ne change point de sec. In-8, par *Prévost*, avant et avec la lettre. 2 pièces.

Très-belles épreuves.

304 — Le Temps découvre les talents, par *Soubeyran*. In-8. Avant et avec la lettre. 2 pièces.

Très-belles épreuves.

305 — Triomphe de Bacchus et Ariane. Eau-forte et terminé. 2 pièces, in-8, par *N. De Launay*.

Très-belles épreuves.

306 — Groupe de cinq Amours. 1re épreuve avec 3 croquis, deux Cœurs avec un Amour, et une tête d'Amour à droite. — 2e état, la Planche réduite du bas, in-8, par *Prévost*, 2 pièces.

Très-belles épreuves.

307 — École de Dessin, par *Prévost*. En travers. In-4. Eau-forte pure. — Terminée. — Épreuve retouchée, le titre est ajouté dans le bas. 3 pièces.

Très-belles épreuves.

COCHIN (D'après C.-N.)

308 — Le Goût gémit sous les lois de la Folie. — Le Goût commence à s'affranchir des liens de la Sottise. — Le triomphe du Goût. 3 pièces in-8, par *Massard* et *N. De Launay.*

Très-belles épreuves.

309 — Orazio prescrive leggi, etc. Eau-forte pure, avant et avec la lettre. 3 pièces in-8.

Superbes épreuves.

310 — Vignettes avec Allégories de l'Architecture. — La Menuiserie. — Le Jardinage. — La Sculpture, représentés avec des Enfants, chacun avec une lettre ornée au bas de la planche. 4 p. in-4, avant le texte.

Superbes épreuves.

311 — Télémaque dans l'île de Chypre au temple de Vénus. In-4, en travers, par *De Monchy.* — L'Amour sous la figure d'un enfant, etc. In-4, en hauteur, par *Mme Lingée.*

2 pièces, superbes épreuves.

312 — Vignettes in-8, pour Télémaque, 1 eau-forte pure, 3 avant la lettre, 4 avec la lettre, en tout 8 pièces.

Très-belles épreuves.

313 — Le Génie tirant le rideau pour montrer le buste du Tasse. Frontispice in-8. Eau-forte et terminée, par *Cochin.* 2 pièces.

Superbes épreuves.

314 — Illustration pour J.-J. Rousseau, Émile. 9 vignettes, in-4, dont 1 eau-forte pure et 3 avant la lettre.

Très-belles épreuves.

COURTIN (D'après Jacques)

PIÈCES EN HAUTEUR

315 — Suzanne est le parfait modèle. *Poilly ex.* In-4.
Belle épreuve, grande marge.

316 — Lorsque sur ses vieux jours d'une femme on a fait choix, par *Jean de Poilly*. In-4.
Belle épreuve, marge.

317 — Ce chien qui m'obéit doit servir de modèle. — Ce petit Écureuil est la parfaite image. 2 pièces in-4, par *J. de Poilly*.
Belles épreuves, marge.

318 — Le Hanneton. — Prêtresse. 2 pièces, par *M. Aubert*.
Superbes épreuves, grandes marges, grand in-4.

319 — L'Amant complaisant. — L'Amant magnifique. 2 pièces, par *M. Aubert*, petit in-fol.
Très-belles épreuves, grandes marges.

320 — La belle Danseuse, par *M. Aubert*.
Belle épreuve, très-grande marge.

321 — Les Jeux naïfs, par *M. Aubert*.
Très-belle épreuve, marge.

322 — Amour d'Angélique et Médor, par *Jacob*.
Belle épreuve, grande marge.

323 — L'Amour médecin, par *C. Mathey*.
Superbe épreuve, grande marge.

324 — Proserpine enlevée, était au désespoir, par *I. Raymond*.
Belle épreuve, petite marge.

COURTIN (D'après JACQUES)

PIÈCES EN TRAVERS

25 — Danaë visitée par Jupiter, métamorphosé en pluie d'or, par *L. Surugue*, en 1722.

Belle épreuve, marge.

326 — Triomphe de Bacchus, par *P. Dupin.*

Très-belle épreuve, marge.

327 — Iris accorde sa voix, par *J. Haussard.*

Chez Haussard, rue Saint-Jacques, au coin de la rue de la Parcheminerie.

Belle épreuve, petite marge.

328 — Iris accorde sa voix, par *J. Haussard.*

Chez Haussard, rue du Plastre. Belle épreuve.

329 — Des deux Galants qui se rendent hommage, par *J. Haussard.*

Chez Haussard, rue du Plastre. Belle épreuve, petite marge.

COURTOIS (D'après)

330 — Têtes de Jeunes Femmes coiffées de chapeaux. Ovales in-4. Sanguines (317-318). *Demarteau* direxit.

Superbes épreuves, marge.

331 — L'Anglaise (335). — La Sultane (339). 2 ovales, in-4. Sanguines. *Demarteau* direxit.

Très-belles épreuves, grande marge.

332 — Jolie Femme tenant une guirlande de fleurs (315). *Demarteau* l'aîné direxit. Ovale, sanguine, grand in-4.

Très-belle épreuve.

COYPEL (Par Antoine)

333 — (Judith. R. D. 2. 1er état). In-4.

Très-belle épreuve avant toute lettre.

334 — (La Vierge et l'Enfant Jésus. R. D. 3). Petit in-4.

335 — (Le Baptême de Notre-Seigneur. R. D. 4).

336 — (L'Ecce Homo. R. D. 5. 3e état).

Belle épreuve, marge.

337 — (Le Triomphe de Galatée. R. D. 8). Terminé, par *Ch. Simonneau*, 1695.

Très-belle épreuve, grand in-fol., petite marge.

338 — (Bacchus et Ariane. R. D. 9). Terminé par *G. Audran*, 1693.

Très-belle épreuve, grand in-fol., petite marge.

339 — (Pan vaincu par les Amours. R. D. 10). In-4. 2e état : avant 1692. — 3e état : avec la date. 2 pièces.

Belles épreuves.

340 — (Démocrite R. D. 12. 2e état du t. XI). In-4.

Belle épreuve.

COYPEL (D'après Antoine)

341 — (Abraham va sacrifier son fils Isaac), par *Petr. Drevet*, 1707. Grand in-fol. en hauteur.

342 — Athalie vit le roy (Joas) assis sur son throne..., par *J. Audran*.

Très-belle épreuve, grand in-fol. en travers, pliée, marge.

343 — (Esther devant Assuérus), par *J. Audran*.

Très-belle épreuve, grand in-fol. en travers, petite marge.

COYPEL (D'après ANTOINE)

344 — (Suzanne au bain), par *Louis Simonneau.*

Très-belle épreuve, grand in-fol. en travers, petite marge.

345 — (Tobie recouvre la vue), par *G. Duchange.*

Très-belle épreuve, grand in-fol. en travers, petite marge.

346 — La Conception de la Sainte-Vierge, par *N. Tardieu.*

Belle épreuve, petite marge.

347 — (L'Annonciation), par *P. Drevet.*

Grand in-fol. en hauteur, petite marge.

348 — (Sainte Cécile, à mi-corps), par *G. Duchange.* In-4.

Superbe épreuve, très-grande marge.

349 — (Énée sauvant son père Anchise), par *Desplaces.*

Très-belle épreuve, en hauteur, marge.

350 — (Didon dans le temple, au moment où apparaissent Énée et Achate), par *Sim. Thomassin* fils, 1721.

Grand in-fol. en travers.

351 — (Mort de Didon), par *G. Duchange*, 1719.

Très-belle épreuve, en hauteur, marge.

352 — Descente d'Énée aux Enfers, par *L. Surugue.*

Très-belle épreuve, grand in-fol. en travers, pliée, petite marge.

353 — (Jupiter tonnant), par *Desplaces.*

Très-belle épreuve, en hauteur, marge.

354 — (La mort de Pallas), par *L. Desplaces.*

Très-belle épreuve, grand in-fol. en travers.

COYPEL (D'après Antoine)

355 — (Embrasement et métamorphose des vaisseaux d'Énée), par *D. Beauvais*. 2 . 50 Mal

Belle épreuve, grand in-fol. en travers, pliée, petite marge.

356 — Colère d'Achille, par *Nicolas Tardieu*. 3 Lechevall

Très-belle épreuve, grand in-fol. en travers, pliée, petite marge.

257 — L'Adieu d'Hector et d'Andromaque, par *Nic. Tardieu*. 3 Lelogeu

Très-belle épreuve, grand in-fol. en travers, pliée, petite marge.

358 — (Roxane et Alexandre), par *F. la Cave*, sous la conduite de B. Picart. 4 . 50 Lechev

Superbe épreuve, grand in-fol. en travers, petite marge.

359 — Vénus sur les eaux, par *Desplaces*. 3 . 50 Lelogeu

En hauteur.

360 — Le Triomphe de Vénus, par *C. Simonneau*. 6 Vig

Superbe épreuve, grand in-fol. en hauteur, marge.

361 — (Vénus qui dort, Satyre et trois Amours), par *G. Duchange*. 2 . 50

Très-belle épreuve, en travers, grande marge.

362 — Le Triomphe de Galatée, par *Cl. Duflos*. 3

Très-belle épreuve avec : chés Duflos... en travers.

363 — La même, avec chez Lenoir...; petite marge. 1 . 50 Vig

364 — L'Amour et Psyché, par *N. Tardieu*. 3 Lelogeu

Très-belle épreuve en hauteur, grande marge.

365 — (Le Réveil de Psyché), par *J. Audran*. 11 Goupil

Superbe épreuve avant toute lettre et les armes, en travers, petite marge (Collection Van den Zande, n° 47).

COYPEL (D'après Antoine)

366 — (Cupidon triomphant de Pan), par *Carol. Dupuis.*

Superbe épreuve en travers, marge.

367 — L'Amour réfugié dans la maison d'Anacréon, par *L. Desplaces.*

Très-belle épreuve, grand in-fol., marge.

368 — (Diane au bain), par *G. Duchange.*

Très-belle épreuve grand in-fol. en travers, petite marge.

369 — Daphné, fille du fleuve Penée, fuyant Apollon, est changée, par le secours de son père, en laurier, par *N. Tardieu*, 1719.

Superbe épreuve grand in-fol. en travers, petite marge.

370 — L'Alliance de Bacchus et de l'Amour, par *J. Audran.*

Belle épreuve, très-grand in-fol. en travers, petite marge.

371 — L'Hymen de Bacchus et d'Ariane, par *Cl. Duflos.*

In-fol. en travers, marge.

372 — Ces innocents plaisirs de Zéphire et de Flore..., par *Bernard Picart*, 1701.

Belle épreuve, très-grand in-fol., ovale équarri en hauteur, petite marge.

373 — (Silène lié et barbouillé), par *N. Chateau.* Terminé par A. Trouvain.

Épreuve avec marge.

374 — (Alceste arrachée à la mort par Alcide), par *L. Desplaces*, 1715.

Belle épreuve, marge.

COYPEL (D'après ANTOINE)

375 — Quelle force resiste aux piéges de l'Amour? Renaud et Armide..., par *Jo. Audran.*

Très-belle épreuve, très-grand in-fol. en travers, marge.

376 — (Minerve délivre la Vérité et chasse l'Iguorance et l'Erreur), par *Desplaces*, 1715.

Épreuve avec marge.

377 — (Sujet allégorique) dédié à M. Colbert d'Ormoy, par *C. Simonneau.*

Belle épreuve, petite marge.

COYPEL (Par NOEL-NICOLAS)

378 — Jeune Iris, si vous êtes sage... (Femme caressant un pigeon. R. D. Tome XI, pièces non décrites, 1). Térimné (sic), au burin, par *N. Edelinck.*

Très-belle épreuve d'un état non décrit : Sans l'adresse.

379 — (Cimon nourri par sa fille), par *J.-P. Le Bas.*

Belle épreuve, avec marge.

380 — Le même sujet : La Charité romaine, par *J. Danzel.*

Épreuve, avec marge.

381 — L'Alliance de Bacchus et de Vénus, par *Le Bas.*

Très-belle épreuve, grande marge.

382 — Galatée, par *A.-R. Trochon* (R. D. Tome XI, 3?).

COYPEL (Par CHARLES)

383 — (Apollon tenant un violon, d'après *Michel-Ange.* R. D. 26).

Très-belle épreuve, marge.

COYPEL (Par Charles)

384 — (Figure académique, d'après *Michel-Ange*. R. D. 27).

Très-belle épreuve, marge.

385 — (Tombeau, d'après *Michel-Ange*. R. D. 28).

Belle épreuve.

COYPEL (D'après Charles)

386 — (Les Aventures de Don Quichotte) :

Don Quichotte, conduit par la Folie et embrasé de l'Amour extravaguant de Dulcinée, sort de chez luy pour estre chevalier errant. *L. Surugue, sculp.*

Don Quichotte croit recevoir dans l'Hôtellerie l'Ordre de chevalier. T. Ier, chap. 3. *C.-N. Cochin, sc.*, 1724.

Don Quichotte prend le bassin d'un barbier pour l'armet de Mambrin. T. Ier., chap. 21. *Surugue scul.*

Sancho s'éveille et se désespère de ne plus retrouver son cher Grison que Gines de Passamont luy enlève. Tom. Ier, chap. 22. *F.-S. Ravenet, sculp.*

Le Curé et Carnedio rencontrent Dorothée habillée en berger. Tom. 2e, livre 4, chap. 1er. Gravé par *Lépicier.*

La fausse princesse de Micomicon vient prier D. Guichotte de la remettre sur le thrône. Tom. 2, chap. 29. *Lud. Surugue, sculpsit.*

Don Quichotte attaché à une fenestre par la malice de Maritorne. Tom. 2, chap. 39. *F. Joullain, sculp.*

Don Quichote, trompé par Sancho, prend une Paysanne pour Dulcinée. T. 3, chap. 10. *Housard, sculp.*

COYPEL (D'après CHARLES)

386 — Suite des Aventures de Don Quichotte :

Le bachelier Sanson Carasco, sous le nom du Chevalier des Miroirs, est vaincu par Don Quichotte qui lui ordonne d'aller se jeter aux pieds de Dulcinée. Tom. 3, chap. 14. *Silvestre, sculp.*

Entrée de l'Amour et de la Richesse aux noces de Gamache. Tom. 3, chap. 20. *Magd. Hortemels Cochin, sculp.*

Don Quichotte protége Basile qui épouse Quiterie par une ruse d'Amour. Tom. 3, chap. 21, par *D. Beauvais, sc.*

Entrée de Bergères aux nopces de Gamache. Tom. 3, chap. 22. *Magd. Hortemels Cochin, sculpsit.*

Don Quichotte prenant des Marionnettes pour des Maures, croit en les combattant secourir deux Amans fugitifs. Tom. 3, chap. 26. *Fr. Poilly, sculp.*

Don Quichotte est servi par les demoiselles de la Duchesse. T. 3, chap. 31. *L. Surugue, sc.*, 1724.

Don Quichotte fait demander par Sancho à la Duchesse la permission de la voir. T. 3, chap. 343. *L. Surugue, sc.*, 1723.

La Doloride affligée de sa barbe, vient prier Don Quichotte de la venger. *L. Surugue, sculp.*, 1724.

Poltronerie de Sancho à la chasse. Tom. 4, page 34. *C.-N. Cochin, sculp.*

Don Quichotte et Sancho, montéz sur un cheval de bois, s'imaginent traverser les airs pour aller venger Doloride. Tom. 4, chap. 41. *N. Tardieu, sculp.*

Départ de Sancho pour l'Isle de Barataria. Tom. 4, chap. 44. *Lud. Surugue.*

Entrée de Sancho dans l'Isle de Barataria. Tom. 4, chap. 44. *N. Tardieu, sculp.*

COYPEL (D'après CHARLES)

386 — Suite des Aventures de Don Quichotte :

Mémorable jugement de Sancho. Tom. 4, chap. 45. *F. Joullain, sculp.*

La Table de Sancho Gouverneur est servie magnifiquement ; mais sitost qu'il veut manger, le Médecin Pedro Rezzio fait enlever les plats. Tom. 4, chap. 47. *D. Beauvais, sculp.*

La Dame Rodrigue s'entretenant de nuit avec Don Quichotte, est surprises (*sic*) par les Demoiselles de la Duchesse. T. 4, chap. 48. *J. Surrugue, sculp.*

Don Quichotte consulte la teste enchantée chez Don Antonio Moreno. Tom. 4, chap. 62. *F. Joullain, sculp.*

Don Quichotte est délivré de sa Folie par la Sagesse. *C.-N. Cochin, sculp.*

Ces 25 pièces, pour les *Aventures de Don Quichotte*, sont de superbes épreuves à grandes marges.

387 — Don Quichotte est lavé par les Dames de la Duchesse, qui, feignant que l'eau manque, luy laissent le savon sur le visage. Tom. III, Liv. VI, chap. XXXII. *Magdelaine Hotemels Cochin, sculpsit.* Cochin filius invenit.

388 — Sancho, ayant refusé de payer sa dépense, est berné dans la cour de l'hôtellerie. Tom. Ier, livre III, chap. XVI. *Michel Aubert, sculp.* Tresmolier invenit.

389 — Don Quichotte trompé par Sancho... Superbe épreuve avant toute lettre ; petite marge.

390 — Don Quichotte fait demander par Sancho... Superbe épreuve avant la lettre, les noms d'artistes à la pointe ; marges.

391 — The lady Dolorida, pretending to be afflicted with a Beard... *J. Mynde, sculp.*

COYPEL (D'après CHARLES)

392 — Le Négligé galant, par *M. Salvador Carmona*, 1760.

393 — La Toilette de nuit, par *Nicolas Dupuis*, d'après Boonen.

Deux belles épreuves grand in-4, grandes marges.

394 — Qui que tu sois, voici ton Maître :
Il le fut, il l'est, ou doit l'être,
par *J. Daullé*, 1755. (L'Amour, en pied.)

Belle épreuve, très-grandes marges.

395 — (Amours forgeant des flèches), par *L. Desplaces*.

Très-belle épreuve, in-fol. ovale équarri, marges.

396 — La Matrone d'Éphesse, par *L. Desplaces*.

Très-belle épreuve, grandes marges.

397 — Pyrame et Thisbé, par *L. Desplaces*.

Très-belle épreuve, grandes marges.

398 — Ecce Ancilla Domini (l'Annonciation), par *F. Joulain*.

Belle épreuve.

399 — (Séparation de Renaud et d'Armide), par *F. Joullain*.

Grandes marges.

400 — O momens trop heureux où règne l'innocence !... (Deux enfants et une poupée), par *Joulain*.

Très-belle épreuve in-4, marges.

401 — Thalie chassée par la Peinture, par *Lépicié*, 1733.

Très-belle épreuve grand in-fol. en travers, petites marges.

402 — (L'Amour précepteur). L'air grave que je fais paraître..., par *Lépicié*, 1730.

Très-belle épreuve, très-grandes marges.

COYPEL (D'après CHARLES)

403 — L'Amour de village, ou l'Amour naïf, par *Lépicié*, 1732.

Belle épreuve, petit in-fol. ovale équarri.

404 — Entre deux mouvements sans cesse partagée... (Jeune veuve se mirant), par *Lépicié*.

Superbe épreuve in-4, grandes marges.

405 — (Jacob pleure sur la tunique de Joseph que ses fils lui rapportent), par *Fr. Poilly*.

Très-belle épreuve en travers, grandes marges.

406 — Apollon et Issé, par *Ravenet*.

Très-belle épreuve, ovale équarri, très-grandes marges.

407 — Le Printemps, l'Esté, l'Automne, l'Hyver (Jeunes Filles à mi-corps), par *F.-S. Ravenet*.

Très-belles épreuves in-4, grandes marges.

408 — Persée délivre Andromède, par *Louis Surugue*, 1732.

Très-belle épreuve grand in-fol. en travers, grandes marges.

409 — Roland apprend par les bergers la perfidie d'Angélique et sa fuite avec Médor, par *Pierre Surugue* le fils, 1737.

Très-belle épreuve grand in-fol. en travers, petites marges.

410 — La France rend grâce au ciel de la guérison du Roi, par *Petrus Surugue filius*.

Très-belle épreuve, très-grandes marges.

411 — Ce dépit n'est pas redoutable... (ou la Chiquenaude), par *P.-L. Surugue* le fils, 1747.

Superbe épreuve in-4, grandes marges.

COYPEL (D'après CHARLES)

412 — La Folie pare la Décrépitude des ajustemens de la Jeunesse, par *L. Surugue* (1745).

Très-belle épreuve, très-grandes marges.

COYPEL (D'après)

413 — Le jeune Faune amoureux, par *M.-A. Croisier*.

Très-belle épreuve, ovale équarri, marges.

414 — (Apothéose de saint Louis), par *C. Simonneau.*

Belle épreuve grand in-4, petites marges.

415 — La Musique, *Edelinck, effigies sculp*..... Coypel le fils, pinxit.

Très-belle épreuve, ovale in-4 en travers, marges.

DANDRÉ-BARDON (D'après)

416 — La Naissance, par *J. Balechou.*

Très-belle épreuve, marge.

417 — L'Enfance, par *J. Balechou.*

Superbe épreuve, grande marge.

DEBUCOURT

418 — MODES ET MANIÈRES DU JOUR

1. Le Prétexte, tunique courte, jupe transparente.
2. Turcaret du jour. Prenant une leçon de tournure.
3. La Promenade. Grand schall, avec bande à jour.
4. Chaise vacante. Bonnet du matin, schall transparent.

DEBUCOURT

418 — Suite de Modes et manières du jour

5. C'est en vain. Tresses de cheveux liées sur un fichu.
6. La petite Coquette. Toquet orné de plumes, etc.
7. La Rencontre. Coiffure avec guirlande en spirale, etc.
8. Les Cerises. Coiffure en cheveux et perles.
9. L'Escarpolette. Chapeau de paille brodé, sans rubans.
10. A ce soir. Schall de gaze noire en échiquier.
11. L'Agression. Bonnet chapeau de gaze.
12. La Correspondance furtive. Coiffure antique, etc.
13. Il va l'apaiser. Robe avec canezou à col.
14. La Phrase changée. Robe croisée.
15. N'allez pas vous perdre. Robe boutonnée, cornette, etc.
16. Ah! quel vent! Fichu noir, tablier de gaze.
17. Le Messager fidèle. Fichu canezou, robe avec nœuds.
18. La Robe déchirée. Bonnet à un papillon.
19. L'Écolière craintive. Fichu avec effilé, palatine.
20. La Chute. Capote. Spencer garni de poil.
21. Elle le suit.
22. Le Billet doux. Cheveux retroussés, spencer de velours.
23. Réponse au billet. Chapeau blanc à petit bord
24. Prends vite. Coiffure en cheveux.
25. Retour de Longchamp. Chapeau avec fichus.
26. Le Lilas. Capote ornée d'épis et de coquelicots.
27. Il va fleurir. Cheveux et fichu, robe de gaze.
28. Elle est prête à cueillir. Capotte ornée de jacinthe.

DEBUCOURT

418 — Suite de Modes et manières du jour:

29. Que lui conte-t-il. Chapeau en coquille, large, etc.
30. Ne laissai-je rien? Robe en organdis de couleur.
31. Venez vous reposer. Pantalon du matin capote, etc.
32. La Lecture. Chapeau à petit bord, spencer sans manches.
33. Le voilà. Robe à manches et franges noires.
34. Il a plu. Chapeau à boucles.
36. Ah! qu'il fait saud! Caraco garni de dentelle.
37. Les deux amies. Capote à boucles. Tunique de crêpe.
38. Adieu!... Toquet, Schall long, Robe garnie de dentelle.
39. La Réflexion. Coiffure formée de trois bandes de dentelle.
40. Tenez-vous droit. Capote à fond ouvert.
41. Elle y pense. Paysane avec barbes liées sous le menton.
43. M. N. et Mme ***. Large redingotte à grand collet, etc.
44. Les Apprêts du bal. Coiffure étrusque. Costume grec.
45. La Signature. Coiffure en fichu et tresses de cheveux.
46. Elle le boude. Chapeau ovale, voile froncé.
47. Il ne m'a pas vu. Coiffure avec un voile, Tunique.
49. La Solitude. Fichu posé en marmotte, etc.
50. La Conversation mystérieuse. Voile formant coiffure.

47 pièces in-8 coloriées, extrêmement rares. Manquent 35, 42, 48
Si la mise à prix n'est pas couverte, on les vendra séparément

DEBUCOURT (*Del. et fecit*)

419 — Femme présentant un enfant cuirassé à un autre nud, qui tient une bêche. Dans la tablette : FRATERNITÉ.
Belle épreuve in-4 en hauteur.

420 — La Rose mal défendue.
Belle épreuve marge.

421 — Recueil de Têtes et Coiffures modernes à l'usage des jeunes personnes qui dessinent. 4 p. sanguine in-4.
Superbes épreuves, très-rares, marge.

422 — Le Compliment ou la Matinée du jour de l'an, 1787. — Les Bouquets ou la Fête de la grand-maman, 1788. 2 pièces imprimées en couleur.
Superbes épreuves, marge du cuivre.

PIÈCES EN TRAVERS

423 — Le Marchand de galette, 1821.
Très-belle épreuve, marge, rare.

424 — La Porte d'un riche. Grand in-fol.
Magnifique épreuve, avant toute lettre.

425 — Frascati, dessiné d'après un croquis pris sur le lieu, colorié.
Superbe épreuve, d'une pièce très-rare.

DE BUCOURT (Peint et gravé par)

426 — Les deux Baisers, imprimé en couleur.
Superbe épreuve, marge vierge déchirée en haut.

427 — La Promenade publique, imprimée en couleur.
Très-belle épreuve avant la lettre. C'est la pièce capitale du maître.
(Voir à CARLE VERNET, nos 1461 à 1486).

DEBUCOURT (D'après)

PIÈCES EN TRAVERS

428. — La Joie du peuple français à l'annonce du traité de paix avec l'Empire, par *Augustin Legrand.*

Superbe épreuve avec le portrait de Buonaparte, général en chef de l'armée d'Italie, marge.

429. — Fête villageoise, J. G. 68. — Scènes des travaux du champ de Mars pour la Fédération, J. G. 69. 2 pièces à l'eau-forte par *Jules de Goncourt.*

Superbes épreuves sur chine volant.

DECAMPS (D'après J.-B.), de Rouen

430 — Le Négociant, par *J.-Ph. Le Bas.*

Très-belle épreuve, marge.

431 — La Pupille, par *N. Le Mire.*

Très-belle épreuve, grande marge.

DEFAVANNE (D'après)

432 — Calipso sent elle-même ce qu'elle voulait faire sentir à Télémaque, par *J. Defavanne* fils.

Belle épreuve.

DESFRICHES (D'après)

433 — Le Printemps, — l'Été, — l'Automne, — l'Hiver. 4 petits paysages in-8 en travers, à l'eau-forte, par *C. Campion.*

Très-belles épreuves.

434 — Les bords du Loiret. 12 petits paysages in-8 en travers, à l'eau-forte, par *C. Campion*, imprimés quatre par quatre sur chaque feuille.

Très-belles épreuves.

DESFRICHES (D'après)

435 — Les bords de la Loire. 4 pièces sur la même feuille. — Les quatre heures du jour. 4 pièces sur la même feuille. 8 petits paysages in-8 en travers, à l'eau-forte, par *C. Campion*.

Très-belles épreuves.

436 — Suite de 16 Paysages à l'eau-forte par *C. Campion*, imprimés deux par deux.

Très-belles épreuves.

437 — Vue de la ville d'Orléans. Très-grand in-fol. par *Choffard*.

Très-belle épreuve, grande marge.

DESHAYES (D'après)

438 — Erigone vaincue, par *P.-Car. Levesque*.

Très-belle épreuve avec les armes, avant la lettre, marge.

439 — La même, avec la lettre.

Superbe épreuve, grande marge.

440 — La Fidélité surveillante, par *A.-F. Hemery*.

Très-belle épreuve avant la lettre, marge.

441 — Étude de tête de jeune fille vue par derrière, grandeur naturelle. Sanguine par *Demarteau* (6).

Très-belle épreuve.

442 — La Résistance : Suzanne et les Vieillards, par *B.-A. Nicolet*, en travers.

Superbe épreuve, marge.

DÉSORMEAUX (D'après J.-B.)

443 — Diane en désarmant le dieu de la Tendresse, par *G. Duchange*, 1715.

Superbe épreuve, petite marge.

DESPAX (D'après J.-B.)

444 — La mort de sainte Monique, par *J.-F. Foulquier.*
Belle épreuve, marge.

DESPORTES (D'après F.)

445 — Combat domestique : chien et chatte avec ses petits, par *Demarteau* l'aîné.
Superbe épreuve, grande marge.

446 — Loup entouré de huit chiens, par *Joullain.*
Superbe épreuve, marge.

DE TROY (D'après)

PIÈCES EN HAUTEUR

447 — Disce puer virtutem ex me verumque laborem : Allégorie, Henri IV soutenant Louis XV enfant. Grand in-4 par *Ludovicus Surugue*, 1723.
Très-belle épreuve, grande marge.

448 — La mort de Cléopâtre, par *J.-L. Le Lorrain*, eau-forte.
Superbe épreuve, marge vierge.

449 — L'Ornement de l'esprit et du corps, terminé au burin par *L. Surugue* en 1747.
Superbe épreuve, toute marge.

450 — L'aimable Accord, par *Elis.-Cath. le Tournay.*
Superbe épreuve, marge.

451 — Dans un roman, Philis sous ce riant feuillage, par *C.-N. Cochin.*
Belle épreuve, rare.

452 — Péché de David, par *L. Cars.*
Belle épreuve.

DE TROY (D'après)

453 — (Suzanne et les Vieillards). Eau-forte pure.
Belle épreuve, rare.

454 — (Suzanne et les Vieillards), par *Laur. Cars.*
Superbe épreuve, grande marge.

455 — La reine de Saba, par *Cl.-O. Gallimard.*
Superbe épreuve, grande marge.

456 — (Mère et son Enfant). Beatus venter, etc., par *S.-H. Thomassin.*
Superbe épreuve, grande marge.

457 — Jupiter et Semelé.
Superbe épreuve avant toute lettre, marge.

458 — Toilette pour le bal. – Retour du bal. 2 p. grand in-fol. par *Beauvarlet.*
Très-belles épreuves, très-grandes marges.

PIÈCES EN TRAVERS

459 — (Architecture navale). Femme montrant sur un plan à un jeune seigneur; au fond, construction de navire. Par *Et. Fessard.*
Superbe épreuve, grande marge.

460 — (Loth et ses Filles). Dixit major filiarum, etc., par *Jos. Vien.* Romæ, 1748.
Belle épreuve.

461 — (Trois Nymphes surprises), par *F. Deschamps*, femme Beauvarlet.
Belle épreuve, marge.

DE TROY (D'après)

462 — Salmacis et Hermaphrodite, par *Daullé*.

Superbe épreuve avant toute lettre, marge.

463 — Jupiter en pluie d'or, par *J. Daullé* et *P.-Ch. Levesque*,

Superbe épreuve, grande marge.

464 — Vénus se venge de Psyché, par *J.-J. Avril*, 1779.

Superbe épreuve.

465 — La naissance de Vénus, par *Et. Fessard*. Grand in-fol.

Belle épreuve.

PIÈCES EN TRAVERS

466 — Triomphe de Galathée, par *Le Vasseur*. Grand in-fol.

Belle épreuve avant la lettre.

467 — Triomphe de Galathée, par *Le Vasseur*.

Belle épreuve avec la lettre, marge.

468 — Histoire d'Esther : Son couronnement. — Aman et Mardochée. — Triomphe de Mardochée. — Toilette d'Esther. — Évanouissement d'Esther. — Repas d'Esther. — Arrestation d'Aman. 7 p. par *Beauvarlet*, grand in-fol., avant toute lettre. Suite rare de cette condition.

Superbes épreuves, marge.

DROUAIS (D'après Fr.-H.)

469 — Petit Garçon portant son polichinel sur son dos. — Petite Fille qui relève sa robe par derrière. 2 p. par *A.-F. Hemery*.

Très-belles épreuves, très-grande marge.

DUGOURE (D'après)

470 — Achève ton ouvrage, n'oublie pas la dernière, par *Elluin.*
Belle épreuve.

471 — Le Lever de la mariée, par *Ph. Trière.*
Rare et très-belle épreuve, eau-forte pure.

472 — Le Lever de la mariée, par *Ph. Trière.*
Superbe épreuve avant la lettre.

473 — (Le Séducteur) : Scène d'intérieur, le père voulant tuer le séducteur de sa fille. Composition de sept figures, eau-forte pure.
Rare et superbe épreuve, n'a jamais été terminée, marge.

D'ULIN (D'après P.)

474 — S. Claudius, episcopus, par *C. Cochin.*
Belle épreuve, petite marge.

DUMÉNIL (D'après)

475 — La Dame de charité, par *Elis.-Claire Tournay.*
Superbe épreuve, marge.

476 — Le Prêtre de catéchisme, avant toute lettre.
Très-belle épreuve.

DUMONT Le Rom. (D'après J.)

477 — Angélique vient trouver Maugis d'Aigremont sur le rocher où il était enchaîné, par *C.-N. Cochin.*
Belle épreuve.

478 — Hercule et Omphale, par *Miger.* Grand in-fol.
Très-belle épreuve avant la dédicace.

DUTAILLY (D'après)

479 — Histoire de Paul et Virginie en 8 ronds en couleur, par *Guyot*. Deux par deux sur la planche. 4 pièces.

Superbes épreuves, marge.

EISEN (D'après F.) le père

480 — L'Escamoteur, par *Ang. Martinet*, femme Dupuis.

Belle épreuve, toute marge.

481 — La Joueuse, par *C.-F. Macret*.

Belle épreuve, toute marge.

482 — La Folie du siècle : Jeune homme parant son singe en femme, avant toute lettre.

Belle épreuve.

483 — Amusements de la jeunesse, par *Nicolas Dupuis*, 1742.

Superbe épreuve, toute marge.

EISEN (Charles)

484 — La Vierge allaitant l'enfant Jésus (de Baudicourt I). Très-petite eau-forte.— Saint Jérôme (de B. 2). Très-petite eau-forte. — L'Automne (de B. 7). In-8 en travers. 3 p.

Belles épreuves.

485 — Homme assis écrivant l'Histoire de Louis XIV, dont le médaillon à gauche lui est présenté par Minerve. Très-petite eau-forte in-12 en travers; au bas, à gauche : *C. Eisen f.* — Mars et Vénus. — Hercule et Omphale. 2 pièces ovales en travers grand in-8, gravées sur la même planche; au bas, à gauche de chaque sujet : *Ch. Eisen*. Ces 3 pièces non décrites.

Belles épreuves.

EISEN (D'après CHARLES)

PIÈCES EN HAUTEUR

25 486 — La Ramasseuse de cerises. Grand in-4 par *Juillet*. — Michel 23. Dang. 5

Très-belle épreuve, grande marge. La femme est coloriée.

Le même sujet, in-8 en contre-partie, la femme dirigée à gauche, par *de Longueil*, avant toute lettre. 2 pièces.

34 487 — Phrosine et Melidore. 8 pièces in-8 par *Baquoy*, 1 avant toute lettre, 4 avant les vers, 4 avec les vers. — Michel 33. Dang. 2

9 pièces, très-belles épreuves.

15 488 — Les Géorgiques. 3 pièces in-8 par *de Longueil*, dont le frontispice d'après *Casanova*. — Dang. 5

Très-belles épreuves.

29 489 — La Déclamation théâtrale. 5 pièces in-8 par *de Ghendt*. — Dang. 5

Superbes épreuves.

Ney 5 490 — L'Éloge de la Folie d'Erasme. 16 pièces in-8 par *Le Mire*, *Tardieu*, etc. — Dang. 8

Belles épreuves.

Ney 155 491 — Pygmalion. 6 pièces in-8 et 3 avant la lettre. En tout 9 pièces. — Michel 223. Dang. 10

Superbes épreuves.

Lef 35 492 — La Christiade. 25 vignettes par *Le Mire* et autres. — Michel 34. Dang. 12

Très-belles épreuves.

9 493 — Les Villageois, par *A.-I. Defehrt*. — Autre pour pendant. 2 pièces avant la lettre.

Très-belles épreuves.

4 494 — Le petit Donneur d'avis, par *P.-F. Tardieu*.

Très-belle épreuve.

EISEN (D'après CHARLES)

495 — L'Amour asiatique. — L'Amour européen. 2 pièces par *F. Basan, exc.*

Très-belles épreuves, toute marge.

496 — Le Bouquet : Enfants offrent un bouquet à leur mère, par *R. Gaillard.*

Superbe épreuve, toute marge.

497 — L'Accord de mariage, par *R. Gaillard.*

Superbe épreuve, toute marge.

498 — La Comète, par *J.-P. Le Bas.*

Superbe épreuve, toute marge.

499 — Le Tric-Trac, par *J.-P. Le Bas*, chez J.-P. Le Bas.

Superbe épreuve, marge.

500 — Le Tric-Trac, par *J.-P. Le Bas*, chez Buldet.

Très-belle épreuve, toute marge.

501 — La Vertu sous la garde de la Fidélité, par *Le Beau*, avant la lettre.

Très-belle épreuve.

502 — La Dame de charité, par *Voyez l'aîné*, 1773.

Très-belle épreuve, marge.

503 — Le Bouquet bien reçu, eau-forte pure, avant toute lettre.

Très belle épreuve, petite marge.

504 — Le Bouquet bien reçu, par *R. Gaillard.*

Belle épreuve.

EISEN (D'après CHARLES)

PIÈCES EN TRAVERS

505 — L'Amour donnant une de ses plumes à l'Amitié pour écrire l'histoire. Jolie composition dans un riche entourage, avec attributs. Eau-forte pure, par *Delafosse*, avant toute lettre.

506 — Le Vieux débauché, par *Voderf*.

Très-belle épreuve, marge.

507 — (Pastorale). Deux Amants causent assis dans la campagne ; presqu'au milieu, un bâton et un chapeau plein de fleurs. Eau-forte pure, avant toute lettre.

Rare et belle épreuve.

508 — Jeune Berger surprenant sa bergère endormie. Eau-forte pure, avant toute lettre.

Très-belle épreuve, imprimée au verso et recto.

509 — (Erigone) ayant l'Amour près d'elle, et un petit satyre endormi. Eau-forte pure, avant toute lettre.

Très-belle épreuve.

510 — (Vierge et Jésus) petit in-8 ovale équarri (570), par *Demarteau*. Sanguine, avant et avec la lettre, 2 pièces

Superbes épreuves, marge.

511 — Tête de jeune femme, penchée à droite. — Tête de jeune fille appuyée sur sa main droite. 2 fac-simile de dessin, crayon noir et blanc sur papier bleu, par *Bonnet*.

Superbes épreuves, marge.

512 — Sujets de l'histoire romaine, in-4 avant la lettre, coloriés. 3 pièces et 3 pièces avec la lettre. 6 pièces.

Très-belles épreuves.

EISEN (D'après Charles)

513. — Titre. Irza et Marsis, avant et avec la lettre, par *Legrand*. 2 pièces in-8.

Très-belles épreuves.

514. — La Chercheuse d'esprit, avant et avec la lettre, par *Aliamet*. 2 pièces in-8.

Très-belles épreuves.

515. — Zenothemis, avant et avec la lettre, par *N. De Launay*. 2 pièces in-8.

Très-belles épreuves, marge.

516. — Le Sire de Crequi, avant et avec la lettre. 2 pièces in-8 par *De Launay*.

Très-belles épreuves.

517. — La marquis de Montfort, avant et avec la lettre, par *Aliamet*. 2 pièces in-8.

Très-belles épreuves.

518. — Varbeck, avant et avec la lettre. 2 p. in-8. — Entête de page. Eau-forte pure et avant la lettre, toute marge. 4 pièces.

Très-belles épreuves.

519. — Salisbury, avant et avec la lettre. 2 pièces in-8. — Entête, toute marge. — Fleuron, 4 pièces.

Très-belles épreuves.

520. — Sophonisbe. La Mort, in-4. — Entête de page et 2 fleurons. 4 pièces, par *N. De Launay*.

Superbes épreuves, toute marge.

521. — Scevole, avant et avec les noms d'artiste, avec Scevole en haut à gauche. 3 pièces in-4. — Fleurons. 4 pièces, par *N. De Launay*.

Très-belles épreuves.

EISEN (D'après Charles)

522 — Venceslas, in-4. — Entête de page. — Fleuron, eau-forte pure, avant et avec les noms d'artistes. 5 pièces, par *N. De Launay*.

Très-belles épreuves.

523 — Les Époux malheureux, histoire de M. et Mme de*** (Labedoyère), nos 2-3. La même avec 2-4. La même avec 3-5-6. La même avec 5-8-11-12-18 et l'eau-forte, pure 19, avant et avec le numéro. 14 pièces avant les noms d'artistes. 3 pièces seulement ont les noms.

Très-belles épreuves, avec des numéros inconnus à M. H. Cohen. Les numéros sont au coin, à droite; ceux décrits sont au milieu du haut.

FORTY (D'après J.-Fr.)

524 — Cahier de six flambeaux à l'usage des orfèvres et des fondeurs. 6 pièces, par *N. Foin*.

Superbes épreuves, marges vierges.

525 — Cahier de six bras de cheminées, par *Colinet*. 6 pièces.

Superbes épreuves, marges vierges.

FOULQUIER

526 — Messiou et Dames dans ste petit bouteil, etc., eau-forte. Petit in-4 en travers, rare.

Très-belle épreuve, petite marge.

527 — Ritratti di alcuni Ostrogotti, etc. Réunion de plus de 35 têtes charges. Eau-forte.

Belle épreuve, petite marge.

FOURNIER (D'après)

528 — La Lettre, par *Chaponnier*.

Magnifique épreuve avant la lettre, grand in-fol., toute marge.

FRAGONARD (Honoré)

529 — (Les Traitants), de Baudicourt (1). Eau-forte in-4.

530 — L'Armoire. Pièce capitale du maître (de B. 2), 1er état, avant toute lettre, très-rare.

Très-belle épreuve.

531 — (Le Parc), imitation (de B. 4). — (Les deux Femmes à cheval) (de B. 5). 2 pièces in-8.

Très-belles épreuves.

532 — (Les quatre Bacchanales), de B. 6-7-8-9, avant les numéros, en plus le 8 avant le n° 2. — Le 9 avant le n° 4. 6 pièces à l'eau-forte.

Belles épreuves.

533 — (La Circoncision), d'après Tintoret (de B. 11).
(Les Disciples d'Emmaüs), d'ap. Séb. Rizzi (de B. 12).
(Deux Prophètes), d'après Annibal Carache (de B. 13).
(Ange tenant une palme), d'après An. Carache (de B. 14).
(Conception de la sainte Vierge), d'après Benedeto (de B. 16).
(L'Institution de l'Eucharistie), d'après Rici (de B. 17).
(Les Disciples au tombeau), d'après Tintoret (de B. 18).
(Saint Marc), d'après Lanfranc (de B. 19).
(Saint Luc), d'après Lanfranc (de B. 20).
(Saint Jérôme), d'après Geor. Lys (de B. 21).
(Les deux Femmes sur les nues), d'après Cav. Libris (de B. 22).
(Antoine et Cléopâtre à table), d'après Tiepolo (de B. 23).
(Guerrier devant un tribunal), d'après Tiepolo (de B. 24).

Ces 13 pièces à l'eau-forte sont avant les numéros et avec marge. Belles épreuves.

FRAGONARD (D'après HONORÉ)

CONTES DE LA FONTAINE

534 — (Le Magnifique), eau-forte pure, avant toute lettre.
Très-belle et rare épreuve.

535 — (La Coupe enchantée), eau-forte pure, avant toute lettre.
Superbe et rare épreuve, marge du cuivre, entière.

536 — (Le Mari confesseur), eau-forte pure, avant toute lettre.
Très-belle et rare épreuve.

537 — (Le Baiser rendu), eau-forte pure, par *Lingée*, avant la lettre.
Belle et rare épreuve.

538 — (La Clochette), eau-forte pure, avant toute lettre.
Très-belle et rare épreuve.

539 — (Le Magnifique), avant la lettre.

540 — (La Coupe enchantée), avant la lettre.

541 — (Le Mari confesseur), avant la lettre.

542 — (Le Baiser rendu), avant la lettre.

543 — (Calendrier des vieillards), avant la lettre.

544 — (Joconde, première scène), avant la lettre.

545 — (Joconde à genoux, seconde scène), avant la lettre.

546 — (Le Faucon), avant la lettre.

547 — (A Femme avare Galant escroc), avant la lettre.

548 — (Belphegor), avant la lettre.

FRAGONARD (D'après Honoré)

549 — (La Fiancée du roic de Gabes), avant la lettre.

550 — (La Matrône d'Ephese), avant la lettre.

551 — (Le Cocu battu et content).

Ces 13 pièces sont magnifiques épreuves, avec les numéros à la pointe, tout en haut de la planche, marge du cuivre, entière.

552 — Le Cocu, par *Delignon*, 1793. Les noms à la pointe.

553 — Le Glouton, par *Simonet*, 1794. Les noms à la pointe.

554 — On ne s'avise jamais de tout, pas *Patas*. Les noms à la pointe.

555 — Le Gascon puni, par *Halbou*. Les noms à la pointe.

Ces 4 pièces sont magnifiques épreuves, marge du cuivre, entière.

556 — Pâté d'anguilles, par *Patas*. — Gageure des trois commères, par *Triere*. — Le Paysan et son Seigneur, par *Lingée*. — Le Savetier, par *Dambrun*. — Le Glouton, par *Simonet*. — La Matrone d'Éphèse, par *Delignon*. On ne s'avise jamais de tout, par *Patas*. — Belphegor, par *Patas*. 8 pièces avec les noms gravés.

Superbes épreuves, toute marge.

(Voir Fables de La Fontaine, 844 à 847.)

557 — Le Baiser dangereux, par *F. Flipart*.

Très-belle épreuve, toute marge.

558 — L'Amour ingénieux. — Télémaque et Eucharis. 2 pièces ovales, par *Furcy*.

Très-belles épreuves, marge.

559 — La Fuite à dessein, par *Macret* et *Couché*.

Magnifique épreuve, marge vierge.

560 — L'Amour en sentinelle, ovale équarri, par *Miger*.

Très-belle épreuve, grande marge, rare.

FRAGONARD (D'après HONORÉ)

561 — La Coquette fixée, par *J. Couché* et *Dambrun*.
Superbe épreuve, toute marge.

562 — Le Chiffre d'amour, par *N. De Launay*.
Très-belle épreuve.

563 — (Le Baiser), ovale équarri, par *Marchand*.
Belle épreuve, marge.

564 — L'Inspiration favorable, ovale équarri, par *L. M. Halbou*.
Très-belle épreuve, toute marge.

565 — Les jeunes Sœurs, avant toute lettre.
Belle épreuve.

566 — Les jeunes Sœurs, par *J. Vidal*.
Superbe épreuve.

567 — La Bascule. — Le Colin-Maillard, par *Beauvarlet*, 1760. 2 pièces.
Très-belles épreuves, toute marge.

568 — (La Déclaration). — (L'Offrande à Vénus). 2 pièces, par *Bervic*, grand in-fol.
Très-belles épreuves avant toute lettre, marge.

569 — Le Sacrifice de la rose, par *Girard*, grand in-fol.
Magnifique épreuve avant toute lettre, grande marge, le nom de Girard à la pointe sèche.

570 — Le Sacrifice de la rose, par *Girard*.
Épreuve avec la lettre.

571 — Le Songe d'amour, par *N. Fr. Regnault*.
Épreuve grand in-fol.

FRAGONARD (D'après HONORÉ)

572 — La bonne Mère, par *N. De Launay*.
Très-belle épreuve grand in-fol.

573 — Le Serment d'amour, par *J. Mathieu*.
Belle épreuve grand in-fol., marge.

574 — L'Oracle des amants, pendant du précédent, par *Choffard*, d'après Touzé.
Superbe épreuve grand in-fol., grande marge.

575 — Les Hasards heureux de l'escarpolette. 1er état.
Magnifique épreuve carrée, avant la dédicace, grand in-fol., marge.

576 — Les Hasards heureux de l'escarpolette. 2e état.
Superbe épreuve carrée, avec la dédicace et l'S enlevée.

577 — Les Hasards heureux de l'escapolette. 3e état.
Superbe épreuve, ovale équarri, marge vierge.

578 — La Fontaine d'amour, par *F. N. Regnault*.
Superbe épreuve grand in-fol., grande marge.

PIÈCES EN TRAVERS

579 — Discussion de jeu au cabaret. Eau-forte in-8, par *C. Campion*.
Très-belle épreuve.

580 — (Enlèvement de Proserpine). — (Cérès cherchant sa fille). 2 fleurons in-4, par *Choffard*.
Superbes épreuves, grande marge.

581 — Réunion de treize têtes d'orientaux dans une tribune; au bas, à gauche, à la pointe, *H. Fragonard del.*
Superbe épreuve.

FRAGONARD (D'après Honoré)

582 — Le Verre d'eau. Eau-forte pure, 1er état avant le changement, ovale seulement, très-rare.
Très-belle épreuve.

583 — Le Verre d'eau. — Le Pot au lait. 2 pièces, par *Nicolas Ponce*.
Très-belles épreuves, marge.

584 — L'Éducation fait tout. Eau-forte pure, avant toute lettre, la place des armes est blanche, ovale équarri.
Rare épreuve.

585 — L'Éducation fait tout, par *N. De Launay*, avant la dédicace.
Magnifique épreuve, toute marge.

586 — Le petit Prédicateur, par *N. De Launay*, avant la dédicace.
Magnifique épreuve, toute marge.

587 — Les Baignets, par *N. De Launay*, avant la dédicace.
Magnifique épreuve, toute marge.

588 — L'Heureuse fécondité, par *N. De Launay*, avant la dédicace.
Magnifique épreuve, toute marge.

589 — Dites donc s'il vous plait, par *N. De Launay*, avant la dédicace.
Magnifique épreuve, toute marge.

590 — L'Innocence inspire la tendresse, par *Voysard*, avant la lettre.
Superbe épreuve, avec Voysard à la pointe.

591 — Ma Chemise brûle, par *Legrand*, avant toute lettre.
Épreuve, rare.

FRAGONARD (D'après Honoré)

592 — La Famille du fermier, avant toute lettre.

Superbe épreuve.

593 — La Famille du fermier, *Beauvarlet* direxit.

Belle épreuve.

594 — Le Verrou. — Le Contrat. 2 pièces, par *Blot*, avant la dédicace.

Très-belles épreuves, petite marge.

595 — Le Baiser à la dérobée, avec *N. F. Regnault* à la pointe, avant la lettre.

Belle épreuve, petite marge.

596 — Le Baiser à la dérobée, par *N. F. Regnault.*

Très-belle épreuve, petite marge.

597 — (L'heureuse Fécondité?), gravé à l'eau-forte par *C. P. Marillier*, et terminé par *A. Romanet*, avant la lettre.

Très-belle épreuve.

598 — (Mort de Coresus, grand-prêtre de Bacchus), par *J. Danzel.*

Épreuve grand in-fol.

599 — La Gimblette, par *Bertony*. grand in-fol.

Superbe épreuve, 1er état, avant le changement, avant toute lettre, et des essais de burin dans la marge.

600 — L'Amour. — La Folie. 2 charmantes pièces, ovales en hauteur, en couleur, par *Janinet.*

Magnifiques épreuves.

601 — Homme assis, tiré du cabinet de M. Bergeret. Fac simile. Sanguine par *Demarteau* (251).

Superbe épreuve, grande marge.

FRAGONARD (D'après Honoré)

602 — Spirat adhuc Amor. In-4 en travers, en bistre, par le *comte de Paroy*.
Magnifique épreuve, marge.

603 — (Jupiter surprenant Antiope dormant avec l'Amour), d'après le tableau du Caravage, par *Saint-Non*, en bistre.
Épreuve avec marge.

604 — (Sortie de la Bergerie). Fac simile de dessin à l'encre de Chine par *Saint-Non*.
Très-belle épreuve, marge.

605 — (Intérieur de Parc). Fac simile de dessin par *Saint-Non*.
Très-belle épreuve, marge.

606 — (Intérieur de Ferme, les petits Cavaliers). Fac simile de dessin par *Saint-Non*.
Très-belle épreuve, marge.

607 — (La Danse de l'Ours). Jolie eau-forte par *Saint-Non*.
Très-belle épreuve, marge.

608 — Triomphe de l'Amour avec Ronde d'Enfants dans les airs. — Grande Ronde d'Enfants dans les airs. 2 pièces. Fac simile de dessins à l'encre de Chine.
Très-belles épreuves, petite marge.

609 — Les 2 mêmes pièces, tirage en bistre.
Très-belles épreuves.

610 — L'Abreuvoir. Eau-forte par *J. de Goncourt*, en bistre.
Superbe épreuve avant toute lettre.

611 — La même avec la lettre.
Superbe épreuve.

FRAGONARD (D'après HONORÉ)

612 — Femme à mi-corps assise; elle regarde à gauche. Eau-forte par *J. de Goncourt*, en bistre.

Superbe épreuve.

613 — La Lecture. Eau-forte par *J. de Goncourt*.

Superbe épreuve.

614 — Le Maître à danser. Eau-forte par *J. de Goncourt*.

Superbe épreuve.

FRATREL (Œuvre de J.)

615 — Le Songe de saint Joseph (de Baudicourt. 1).
Le Sauveur du Monde (de B. 2), sans marge.
Saint Nicolas, première planche (de B. 3), 1777.
Saint Nicolas, seconde planche (de B. 4), 1779.
La Sagesse (de B. 5), sans marge.
La Sagesse, seconde planche (de B. 6), 1er état.
La Science (de B. 7).
L'Agriculture (de B. 8), sans marge,
La Navigation (de B. 9), sans marge.
Le Commerce (de B. 10), sans marge.
Charles-Théodore, Électeur Palatin, allégorie (de B. 11). 1er état, sans marge, et 2e état.
Le Prince Frédéric de Deux-Ponts (de B. 12).
Le Chevalier de Caux (de B. 13), sans marge.
Lambert de Krabe, peintre (de B. 14), sans marge.
Le Baron de Hubens (de B. 15). 3e état non décrit; l'ornement en oves a été coupé; hauteur, 275 millimètres; largeur, 185.
Le Fils du Meunier (de B. 16).

La plupart ont de la marge. 17 pièces.

FREUDEBERG (D'après S.)

616 — 1. Le Lever, par *A. Romanet*, 1774.
2. Le Bain, par *A. Romanet*, 1774.
3. La Toilette, par *Voyez l'aîné*, 1774.
4. L'Occupation, par *Lingée*.
5. La Visite inattendue, par *Voyer l'aîné*, 1774.
6. La Promenade du matin, par *Lingée*, 1774.
7. Le Boudoir, par *P. Maleuvre*, 1774.
8. Les Confidences, par *C.-L. Lingée*, 1774.
9. La Promenade du soir, par *Ingouf junior*.
10. La Soirée d'hiver, par *Ingouf junior*.
11. L'événement au Bal, par *Duclos* et *Ingouf*.
12. Le Coucher, par *Duclos* et *Bosse*.

Ces 12 pièces sont la suite complète de la première partie du COSTUME PHYSIQUE ET MORAL AU XVIIIe SIÈCLE avec les vers dans la *tablette blanche*, état très-rare et avant les numéros. Magnifiques épreuves, toute marge.

Si la mise à prix n'est pas couverte on les vendra séparément.

617 — Le Petit Jour, par *N. de Launay*.

Superbe épreuve, toute marge.

618 — La Complaisance maternelle, par *N. de Launay*.

Superbe épreuve, grande marge.

619 — La Matinée; la planche réduite pour le costume physique et moral.

Très-belle épreuve, toute marge.

620 — La Surprise; la planche réduite pour le costume physique et moral.

Belle épreuve, toute marge.

621 — Les Époux curieux — L'Horoscope accompli. 2 pièces. *Ponce exc.*

Très-belles épreuves, grandes marges.

FREUDEBERG (D'après S.)

622 — Le Négociant ambulant. — Le Soldat en semestre. 2 pièces, *Ingouf junior*, 1777.

Très-belles épreuves, grandes marges.

623 — La Félicité villageoise, par *J.-L. Delignon.*

Très-belle épreuve, grande marge.

FRIQUET (D'après)

624 — La Sculpture, ovale en travers, par *L. Cossin.*

Belle épreuve.

GÉRARD (D'après Mlle)

625 — Le Triomphe de Minette, par *Vidal.*

Très-belle épreuve, petite marge.

626 — (Le petit Cavalier). Eau-forte par *Denon*, d'après celle de Mlle Gerard. In-4 en travers.

Très-belle épreuve, marge.

627 — Les Regrets mérités, par *De Launay*. Ovale équarri.

Superbe épreuve, marge.

628 — Le Bouquet, par *Henri Gerard.*

Magnifique épreuve, grand in-fol. avant la lettre, toute marge.

GIBELIN (A.-L.)

629 — L'Accouchement, à l'eau-forte par lui-même.

Belle épreuve.

GILLOT (Inventé, peint et gravé par)

630 — Fête de Bacchus. — Fête de Diane, troublée par des Satyres. — Fête de Faune. — Fête du dieu Pan. 4 pièces.

Très-belles épreuves, très-grandes marges.

631 — La Naissance. — L'Éducation. — Le Mariage. — Les Obsèques. 4 pièces.

Très-belles épreuves, très-grandes marges.

632 — (Le Sabbat des Sorcières) : Errant pendant la nuit dans un lieu solitaire. — Est-ce un Enchantement? Est-ce une Illusion? 2 pièces.

Très-belles épreuves, très-grandes marges.

633 — La Passion des Richesses. — La Passion de l'Amour. — La Passion de la Guerre. — La Passion du Jeu. 4 pièces. *Audran ex.*

Très-belles épreuves, très-grandes marges.

GONZALÈS (D'après)

634 — Jeune Enfant se regardant dans un Miroir. Avant la lettre, par *C. Macret.*

Superbe épreuve, grande marge.

GRAVELOT (D'après)

635 — The judiciuos Lover. In-fol., par *J. Marchand.*

636 — Agriculture. — Rhétorique; allégories dans des ovales ornés, épreuves avant et avec le texte gravé. 4 pièces, par *Rousseau.*

Superbes épreuves, marges vierges.

637 — L'Enfant prodigue, acte V. In-4, par *de Ghendt.* Eau-forte et avec la lettre. 2 pièces.

Superbes épreuves.

GRAVELOT (D'après)

638 — L'Écossaise, acte III. In-4, par *Godefroy*.

Superbe épreuve.

639 — Le Droit du Seigneur, acte III. In-4, par *Ponce*.

Belle épreuve.

640 — Charlot, acte II. In-4, par *Duclos*

Très-belle épreuve.

641 — La Princesse de Navarre, acte III. In-4, par *Simonet*.

Très-belle épreuve.

642 — Oui, je la connais, traître. In-4, par *Le Vasseur*.

Superbe épreuve.

643 — Corneille. Suite de 35 vignettes grand in-8 avec les entourages, et 14 sans les entourages, dont 1 eau-forte pure; en tout, 49 pièces.

Superbes épreuves.

644 — Histoire romaine. Suite de 8 pièces in-4. Avant la lettre, coloriées, et les mêmes avec la lettre, en noir; en tout, 16 pièces.

Superbes épreuves.

J. G. (D'après)

645 — L'agréable Illusion, par *A. G. T. G.* Ovale équarri en travers.

Très-belle épreuve, grande marge.

GREUZE (D'après (J.-B.)

PIÈCES EN HAUTEUR

646 — Têtes de différents caractères. 6 pièces, par *Weisbrod*, et titre orné.

Superbes épreuves petit in-4.

647 — Têtes de différents caractères, dédiées à M. J.-G. Wille, gravées par *P.-C. Ingouf*. 6 pièces et titre orné.

Magnifiques épreuves, marges vierges, petit in-4.

648 — La Mère de Famille. Eau-forte par *A.-L. De Lalive*. — Étude de Mendiants; c'est la même composition fac-simile de dessin en bistre, plus petit. Chez Basan.

Superbes épreuves, marge. 2 pièces.

649 — Paysanne italienne debout, dirigée à gauche. Fac-simile de dessin en bistre, par *F.-P. Charpentier*.

Superbe épreuve, marge vierge, rare.

650 — Divers Habillements, suivant le costume d'Italie, dessinés d'après nature, par *J.-B. Greuze*, etc. ornés de fonds, par *J.-B. Lallemand*..., d'après les dessins du cabinet de M. l'abbé Gougenot..., par *Moitte*, etc. *Titre*. Fontaine dans des ruines, d'après Lallemand, par *Angélique Moitte*.

1 Savoyard de Chambéry, par *P.-E. Moitte*.
2 Savoyarde de Montmélian, par *Moitte*.
3 Petite Fille savoyarde, par *Angélique Moitte*.
4 Savoyarde de Lanebourg, par *F.-A. Moitte*.
5 Piémontoise d'Asti, par *P.-E. Moitte*.
6 Piémontoise d'Asti, par *F.-A. Moitte*.
7 Génoise, avec le Mezzo rabattu, vendant des fleurs.
8 Bourgeoise de Gênes, avec le Mezzo sur la tête.
9 Paysanne Parmesane, par *F.-A. Moitte*.
10 Paysanne Bolonaise, par *Moitte*.

GREUZE (D'après J.-B.)

650 — Suite de divers Habillements, suivant le costume d'Italie, dessinés d'après nature.

11 Bourgeoise de Bologne, par *Angél. Moitte.*
12 Paysanne Florentine, par *Moitte.*
13 Florentine, coiffée en Papillon, et tenant une chaufferette.
14 Bourgeoise Florentine avec une petite coeffe.
15 Florentine, avec un petit chapeau, habillée à la dragone.
16 Femme du Peuple des environs de Pise, par *Moitte.*
17 Paysane des environs de Lucques, avec l'anneau d'accordée.
18 Femme du Peuple, Napolitaine, par *Moitte.*
19 Paysanne Napolitaine tenant un Enfant.
20 Femme du Peuple, Napolitaine, vêtue comme dans les jours de fête.
21 Femme du Peuple, Napolitaine, se chauffant les pieds à une poêle de braise.
22 Paysanne de la Calabre, par *Angél. Moitte.*
23 Bourgeoise de Frascati, par *F.-A. Moitte.*
24 Femme de Frascati habillée comme dans les jours de fête.

Suite de très-belles épreuves, toute marge, excepté le n° 19. Petite marge. 25 pièces.

651 — Serena : Tête de jeune Fille. Ovale in-4, par *Bause,* 1785.

Superbe épreuve, grande marge.

652 — Serena, par *Bause.* Ovale in-4. En bistre.

Superbe épreuve, marge du cuivre.

653 — Vieillard lisant un Livre avec une loupe. In-4, par *Coron.*

Très-rare épreuve avant la lettre, marge.

GREUZE (D'après J.-B.)

654 — La Musique. In-4, par *F.-A. Moitte.*

Épreuve grande marge.

655 — La petite Mère. In-4, par *F.-A. Moitte.* Adresse : chez Moitte.

— La même, chez Esnault et Rapilly. 2 pièces.

Très-belles épreuves.

656 — La jeune Nourrice, pendant du précédent. Adresse : chez Esnault et Rapilly.

Très-belle épreuve, marge.

657 — La Frileuse. — La Fleuriste. 2 pièces in-4, par *F.-A. Moitte.* Adresse : chez Esnault et Rapilly.

Très-belles épreuves, marge.

658 — (La petite Fille au Capucin). Avant toute lettre. — La même, par *P.-C. Ingouf.* 2 pièces in-4.

Très-belles épreuves.

659 — (Le petit Garçon avec le Chien de Terre-Neuve). In-4, par *Schultz.* Avec : *Gravé .... du Roi,* qui ont été effacés. — Autre épreuve pour différence avec les mots effacés. 2 pièces.

Très-belle épreuve, toute marge.

660 — Le petit Neapolitain. In-4, par *F.-R. Ingouf.*

Très-belle épreuve, toute marge.

661 — Petite Fille exprimant la surprise. Manière noire, ovale équarri, par *J. Massard.* In-4. Avant la lettre.

Très-belle épreuve.

662 — Bacchante. — Le Désir. 2 pièces in-4, par *Bourgeois de la Richardière.*

Belles épreuves, grande marge.

GREUZE (D'après J.-B.)

663 — Petite Liseuse. In-4, par *Marie L.-A. Boizot*, 1766.
Très-belle épreuve.

664 — Le petit Boudeur. In-4, par *Carl. Guttemberg*.
Très-belle épreuve, marge.

665 — La petite Nanette. In-4, par *Beljambe*.
Très-belle épreuve, marge, jolie pièce.

666 — Le doux Regard de Colette. — Le doux Regard de Colin. 2 pièces in-4, par *A.-F. Dennel*.
Très-belles épreuves.

667 — Le petit Polisson, par *C. Le Vasseur*, 1761.
Superbe épreuve, grande marge.

668 — La Jeunesse studieuse, par *C. Le Vasseur*.
Très-belle épreuve, marge.

669 — (Jeune Tricotteuse endormie), par *Jardinier*.
Superbe épreuve avant la lettre.

670 — (Jeune Fille pelottant du fil que son chat attrape), par *Jean-Jacques Flipart*.
Très-belle épreuve, grande marge.

671 — (Marchande de Poisson). Effet de lumière, par F[ss] Deschamps, f[t] *Beauvarlet*.
Superbe épreuve, marge.

672 — (Commissionnaire). Effet de lumière, par F[ss] Deschamps, f[t] *Beauvarlet*.
Superbe épreuve, marge vierge.

673 — (Jeune Fille timide). Vue de face, par F[ss] Deschamps, f[t] *Beauvarlet*.
Très-belle épreuve, toute marge.

GREUZE (D'après J.-B.)

674 — La Fille grondée, par *C.-F. Letellier.*
Belle épreuve, marge.

675 — L'Éducation d'un jeune Savoyard, *Jac. Aliamet direxit.*
Très-belle épreuve, marge.

676 — Le donneur de Serenade, par *P.-E. Moitte.*
Superbe épreuve, toute marge.

677 — (La Femme surprenant son vieux Mari faisant des offres d'argent à la Bonne). Fac simile de dessin à l'eau-forte, par *Wattelet.* Avant toute lettre.
Très-belle et rare épreuve, marge.

678 — La Paresseuse, par *P.-E. Moitte.*
Magnifique épreuve, toute marge.

679 — La Servante congédiée, par *Voyez.*
Magnifique épreuve, grande marge.

680 — Le Ramoneur, par *Voyez.*
Magnifique épreuve, toute marge.

681 — La Privation sensible, par *J.-B. Simonet*, 1780.
Superbe épreuve, toute marge.

682 — Les Fermiers brûlés, par *A.-L. De Lalive.* Eau-forte.
Superbe épreuve, marge.

683 — Le Fermier brûlé. Fac simile de dessin, en bistre, par *Charpentier.* Chez Basan.
Superbe épreuve, marge vierge.

684 — L'Écolier distrait, par *P. Beljambe.*
Très-belle épreuve.

GREUZE (D'après J.-B.)

685 — La Prière à l'Amour, par *P.-P. Moles*, 1774.

686 — Le tendre Désir, par *C*.... Avant la dédicace.
Très-belle épreuve.

687 — Le tendre Désir, par *C*.... Paris, chez Massard.
Épreuve, marge.

688 — Jeune Fille pleurant son Oiseau mort, par *J.-J. Flipart*.
Très-belle épreuve, toute marge.

689 — L'Amour dédié au beau Sexe, par *Henriquez*.
Épreuve avec marge.

690 — Thaïs, ou la belle Pénitente, par *J.-C. Levasseur*.

691 — La Mère en courroux. — Le Repentir. 2 pièces, par *Moitte*.
Très-belles épreuves, grande marge.

692 — La Marchande de Marrons, par *Beauvarlet*.
Superbe épreuve, grande marge.

693 — La Marchande de Pommes cuites. Chez *Beauvarlet*.
Superbe épreuve, grande marge.

694 — L'Écureuse, par *Beauvarlet*.
Superbe épreuve, grande marge.

695 — (La Savonneuse), par *J. Danzel*.
Superbe épreuve, marge.

696 — Les premières Leçons de l'Amour. Avant toute lettre.
Superbe épreuve, grande marge.

GREUZE (D'après J.-B.)

22 — 697 — Les premières Leçons de l'Amour, par *Voyez l'aîné.*

Très-belle épreuve, grande marge.

78 — 698 — (La petite Fille au Carlin), par *Porporati.* Adresse : rue Thibautodé. Ovale équarri.

Très-belle épreuve, petite marge.

15 — 699 — (La petite Fille au Carlin). L'ovale enlevé. La composition terminée en carré. Avant toute lettre.

Très-belle épreuve.

7 — 700 — (La petite Fille au Carlin). Réduction in-4, par *P.-C. Ingouf.* Avec : *Gravé..... du Roy*, qui a été effacé. Épreuve avec les mots effacés pour comparaison. 2 pièces.

Superbe épreuve, marge.

38 — 701 — Le malheur imprévu, par *R. De Launay* le jeune. Lettre grise avant la dédicace. mauvaise

Très-belle épreuve, marge. Sale

28 — 702 — Le Malheur imprévu, par *R. De Launay* le jeune.

Superbe épreuve, grande marge.

14 — 703 — Paul — Virginie. Deux enfants, par *H. Guttemberg.*

Superbes épreuves, marges vierges.

25 — 704 — Virginie, par (H. Guttemberg) *H. G. sc.* à la pointe.

Magnifique épreuve avant la lettre, marge vierge.

160 — 705 — La Paix du Ménage. — La bonne Éducation. 2 p. par *Moreau* et *Ingouf*, avant toute lettre.

Superbes épreuves, petite marge.

55 — 706 — La Grand'Maman, par *Binet.*

Très-belle épreuve, marge vierge.

GREUZE (D'après J.-B.)

707 — La Maman, par *Beauvarlet*.

Très-belle épreuve, très-grande marge.

708 — Les Soins maternelle (c'est la leçon de tricot).

Très-belle épreuve avec les armes, avant toute lettre, petite marge.

709 — Les Soins maternelle (la leçon de tricot), *chez Beauvarlet*.

Superbe épreuve, grande marge.

710 — Le Benedicite, par *Laurent*.

Très-belle épreuve avant toute lettre, avec les armes, marge.

711 — Retour de Nourrice, par *Hubert*.

Magnifique épreuve avant toute lettre, avec les armes.

712 — Retour de Nourrice, par *Hubert*, 1767.

Superbe épreuve, toute marge.

713 — (L'Enfant gâté) : Garçon qui donne sa soupe au chien, par *Maleuvre*, sous la direction de Le Bas, 1772.

Superbe épreuve avant la lettre, marge.

714 — (L'Enfant gâté), par *Maleuvre*.

Superbe épreuve, très-grande marge.

715 — (Le Silence) ou ne l'éveille pas, par *L. Cars* et *Claude Donat Jardinier*.

Superbe épreuve avant toute lettre.

716 — (Le Silence) ou ne l'éveille pas, par *Cars* et *Claude Donat Jardinier*.

Très-belle épreuve, marge vierge.

GREUZE (D'après J.-B.)

717 — L'Enfant gâté. — Le Silence. 2 pièces, réductions plus petites et contre-partie, par *C. Corbut.*
Belles épreuves, toute marge.

718 — L'Aveugle trompé, par *Laurent Cars.*
Épreuve, marge.

719 — La Mort de Marie-Madeleine, par *Cl. Hoin.* Imitation de dessin à la sépia.
Très-belle épreuve, marge.

720 — La Cruche cassée. Eau-forte pure.
Superbe et très-rare épreuve.

721 — La Cruche cassée, par *J. Massard.* 1773.
Superbe épreuve, marge vierge.

722 — La Laitière, par *J.-C. Levasseur.*
Superbe épreuve, grande marge.

723 — La Vertu chancelante. Eau-forte pure.
Épreuve rare.

724 — La Vertu chancelante, par *Massard.*
Très-belle épreuve, marge vierge.

725 — L'Offrande à l'Amour, par *C.-F. Macret*, 1778.
Très-belle épreuve avant la lettre, petite marge.

726 — L'Offrande à l'Amour, par *C.-F. Macret*, 1778.
Très-belle épreuve, petite marge.

PIÈCES EN TRAVERS

727 — Retour sur soi-même, par *Binet.*
Belle épreuve, marge vierge.

GREUZE (D'après J.-B.)

728 — La Fille confuse, par *Ingouf* frères, 1773, avant la dédicace.
Superbe épreuve, grande marge.

729 — La vieille Gouvernante, fac-simile de dessin, par *Verendret.*
Belle épreuve.

730 — Le même sujet. Eau-forte par *Pariseau*, 1769. Avant la lettre.
Très-belle épreuve.

731 — Les Sevreuses, par *Tilliard* et *Pierre-Charles Ingouf*, 1769.
Superbe épreuve, marge.

732 — La Mère sévère, par *Devisse.*
Épreuve avec petite marge.

733 — Le Ménage ambulant, par *Binet.*
Très-belle épreuve, toute marge.

734 — La Belle-Mère, réduction par *Le Vasseur.*
Très-belle épreuve, marge.

735 — L'Accordée de Village, réduction avant toute lettre.
Très-belle épreuve, avec les armes.

736 — La Dame bienfaisante, réduction avant toute lettre.
Très-belle épreuve, avec les armes.

737 — Le Gâteau des Rois, réduction avant toute lettre.
Superbe épreuve, avec les armes.

738 — Le Père de famille (lecture de la Bible), réduction par *Lyreux.*
Superbe épreuve, petite marge.

GREUZE (D'après J.-B.)

739 — (Lecture de la Bible), par *Pitre Martenasie*, 1759.
Superbe épreuve, toute marge.

740 — Les Œufs cassés, par *P.-E. Moitte*, grand in-fol.
Superbe épreuve, toute marge.

741 — Les Œufs cassés, réduction contre-partie, la jeune fille dirigée à gauche.
Très-belle épreuve avant toute lettre.

742 — Le Geste napolitain, par *P.-E. Moitte*, 1763. Gr. in-fol.
Très-belle épreuve, marge.

743 — Les Ecosseuses de Poix, par *Jac. Ph. Le Bas*. Gr. in-fol.
Très-belle épreuve, marge.

744 — L'Accordée de village, par *J.-J. Flipart*.
Très-belle et rare épreuve avant toute lettre, les armes de M. de Marigny à l'eau-forte, très-grand in-fol.

745 — L'Accordée de village, par *J.-J. Flipart*.
Superbe épreuve, très-grand in-fol.

746 — La même, épreuve moderne, très-grand in-fol.

747 — Le Gâteau des Rois, par *Flipart*.
Très-belle et rare épreuve avant toute lettre, très-grand in-fol.

748 — Le Gâteau des Rois, par *Flipart*.
Superbe épreuve grand in-fol. avec la lettre, signée au revers.

749 — Le Paralytique servi par ses enfants, par *Flipart*.
Superbe épreuve avant toute lettre, grand in-fol.

750 — Le Paralytique servi par ses enfants, par *Flipart*.
Superbe épreuve grand in-fol. avec la dédicace à l'impératrice Catherine II, souveraine de toutes les Russies.

GREUZE (D'après J.-B.)

751 — La Malédiction paternelle, par *Gaillard*.

Magnifique et rare épreuve avant toute lettre, très-grand in-fol., signée au revers.

752 — La Malédiction paternelle, par *Gaillard*.

Magnifique épreuve avant la lettre avec les noms d'artistes.

753 — Le Fils puni, par *Gaillard*.

Magnifique épreuve avant la lettre avec les noms d'artistes, très-grand in-fol.

754 — La Belle-Mère, par *C. Le Vasseur*.

Superbe épreuve très-grand in-fol.

755 — Le Testament déchiré, par *J.-Ch. Levasseur*.

Superbe épreuve avant la lettre, très-grand in-fol.

756 — Le Testament déchiré, par *J.-Ch. Levasseur*.

Superbe épreuve très-grand in-fol.

757 — La Veuve et son Curé, par *J.-C. Levasseur*.

Superbe épreuve avant la lettre, très-grand in-fol., marge.

758 — La Veuve et son Curé, par *J.-C. Levasseur*.

Belle épreuve très-grand in-fol.

759 — L'Ermite, par *Marais*, 1788.

Magnifique épreuve très-grand in-fol. avant la lettre, avec les armes, les noms d'artistes à la pointe.

760 — La Mère bien-aimée, par *Massard*, 1775.

Très-belle épreuve avant la lettre avec les armes, très-grand in-fol., les noms d'artistes à la pointe.

761 — La Mère bien-aimée, par *Massard*.

Très-belle épreuve très-grand in-fol.

GREUZE (D'après J.-B.)

762 — La Dame bienfaisante, par *Massard*, 1778.
Superbe et rare épreuve avant toute lettre, très-grand in-fol., marge.

763 — La Dame bienfaisante, par *Massard*.
Très-belle épreuve très-grand in-fol.

764 — Petit Paysan debout accoudé, fac-simile de dessin, sanguine en hauteur.
Belle épreuve.

765 — La petite Boudeuse, fac-simile de dessin sanguine, par *Bonnet*, tête grandeur naturelle (176).
Superbe épreuve, grande marge.

766 — Tête de jeune Femme grandeur naturelle, fac-simile de dessin sanguine, par *Louis Bonnet* (51).
Superbe épreuve, marge.

767 — Tête d'enfant riant dirigée à gauche, grandeur naturelle, fac-simile de dessin, sanguine, par *L.-Rosalie Hémery* (134).
Superbe épreuve, marge.

768 — Tête de jeune Fille qui pleure, grandeur naturelle, fac-simile sanguine, par *L.-Rosalie Hémery* (136).
Superbe épreuve, marge.

769 — Tête d'Enfant appuyé sur ses mains jointes, grandeur naturelle, fac-simile sanguine, par *T.-E.-B*r, *F*me *Lingée* (139).
Belle épreuve, marge.

770 — Tête de jeune Fille regardant en l'air dirigée à droite, fac-simile, sanguine, par *F*me *Lingée*.
Superbe épreuve, marge.

GREUZE (D'après J.-B.)

771 — Tête d'Enfant dirigé à droite, regardant en l'air, grandeur naturelle, fac-simile sanguine, par *F^me Lingée* (141).

Superbe épreuve, marge.

772 — Tête de Garçon de profil à gauche, grandeur naturelle, fac-simile sanguine, par *F^me Lingée* (142).

Belle épreuve, marge.

773 — Tête de jeune Fille regardant à gauche, grandeur naturelle, fac-simile sanguine, par *J.-F. Janinet.*

Belle épreuve, marge.

774 — La petite Sœur. — Le petit Frère. 2 pièces in-4. Sanguine, par *Lucien*, 1771.

Belles épreuves.

775 — Tête de Vieillard aveugle, grandeur naturelle. Fac-simile sanguine, par *Lucien* (112).

Superbe épreuve, marge.

776 — La Mélancolie, femme en pied assise, in-4. Fac-simile sanguine, par *Massard.*

777 — Tête d'Enfant regardant en l'air à gauche, grandeur naturelle, fac-simile, sanguine, par *Massard* (150).

Superbe épreuve, marge.

778 — L'Accordée de Village. — Le Paralytique servi par ses enfants. 2 pièces en couleur, par *Alix.*

Très-belles épreuves.

779 — Tête de jeune Fille. Fac-simile de dessin bistre par *J. de Goncourt.* 54.

Très-belle épreuve.

GREUZE (D'après J.-B.)

780 — Étude pour la Dame de Charité. Eau-forte de *J. de Goncourt*. 51.

Très-belle épreuve.

781 — Homme debout. Eau-forte par *J. de Goncourt*. 59.

Très-belle épreuve.

782 — (Consolation de la Vieillesse). Fac-simile à l'eau-forte, par *J. de Goncourt*. 43.

Très-belle épreuve.

783 — Buste de jeune Fille tenant un Chien. — Autre Buste de jeune Fille. 2 pièces, par *Morse*. Grand in-8.

Magnifiques épreuves, marge vierge.

GRIMOU (D'après)

784 — Jeune Officier, par *Marie-L.-A. Boizot*, 1765. Chez Joullain.

Superbe épreuve, marge.

785 — L'Espagnolette, par *Lépicié*, 1740. In-4.

Belle épreuve.

786 — Jeune Homme de profil avec cuirasse, par *Marie-L.-A. Boizot*, 1780. Chez Joullain et chez Crepy. Petit in-fol.

Belle épreuve.

787 — Jeune Fille tenant un porte-crayon, par *Thérèse Devaux*. Petit in-fol.

Très-belle épreuve, marge.

788 — La fausse Apparence : Garçon faisant des bulles de savon. — Le double Portrait : jeune Fille tenant son oiseau. 2 pièces, par *Martin*. Petit in-fol.

Belles épreuves.

GRIMOU (D'après)

789 — La Musicienne. — Le Buveur, 2 p., par *B.-L. Henriquez.*

Très-belles épreuves, grande marge.

790. — La jeune Laborieuse, par *G.-R. Levillain*, 1768.

Belle épreuve.

HALLÉ (Noël) *in. et f.*, 1739

791 — Antiochus renversé de son char (de Baudicourt 1).

Très-belle épreuve. Collection Robert Dumenil avant l'adresse de Briceau.

792 — Antiochus dictant ses dernières volontés (de B. 2).

Très-belle épreuve, 2ᵉ des 4 états. Collection R. Dumenil.

793 — L'Hiver (de B. 7).

Belle épreuve avec trois taches de peinture à l'huile.

HALLÉ (D'après)

794 — La Piémontoise, par *René-Elisabeth Marlié Lepicié.*

Superbe épreuve, grande marge.

795 — Le Danger de l'Amour : Hercule et Omphale, par *J.-Aug. Patour.*

Très-belle épreuve, très-grande marge.

796 — Savoyarde et ses Enfants, dont le petit garçon jouant de la vielle. Pièce en travers.

Superbe épreuve, marge.

HEILLMAN (D'après)

797 — Le bon Exemple. In-fol. par *Chevillet*, avant la lettre.

Superbe épreuve, marge.

HEILLMAN (D'après)

798 — Mademoiselle sa Sœur. In-fol. par *Chevillet*, avec la lettre.

Superbe épreuve, marge.

HENNEQUIN (D'après)

799 — Pan a Syrinx, par *David*.

Très-belle épreuve, marge.

HILAIR (D'après)

800 — L'Esclave heureux, par *J. Mathieu*.

Superbe épreuve, très-grande marge.

HOUASSE (D'après)

801 — L'Éloquence, par *Jean Bonnart junior*. Ovale en travers.

Belle épreuve, marge.

802 — Quel effroyable objet! de quelle horreur frappé, par *L. Audran*.

Belle épreuve.

HOUEL (D'après)

803 — Suite de Paysages, par *Demarteau* l'aîné, à l'eau-forte, sanguine. 6 pièces.

Superbes épreuves, marge.

HUET (J.-B.), 1778

804 — Scènes de Bergères et leurs troupeaux. 2 pièces à l'eau-forte.

Très-belles épreuves, marge.

HUET (J.-B.), 1778

805 — La Terre : Nymphe avec un petit Satyre, entourés de fruits. Ovale in-4 en travers. Rare.

Superbe épreuve, chez Bonnet.

HUET (D'après J.-B.)

PIÈCES EN HAUTEUR

806 — La Vénus bachique. Petit in-4 par *Voisard*.

Belle épreuve, marge.

807 — Buste de femme, coiffée d'un haut bonnet, profil à droite. Petit in-4 en couleur, par *Demarteau* (587).

Superbe épreuve.

808 — Jeune Paysanne entre son chien et ses poules. In-4 par *Demarteau* (567). Charmante pièce en couleur.

Superbe épreuve.

809 — Groupe de Têtes de chien, âne et moutons. Fac-simile, sanguine, par *Demarteau* (4 liv. 5).

Superbe épreuve.

810 — L'Espoir heureux. — La Bergère satisfaite. 2 pièces en couleur par *Bonnet*.

Belles épreuves.

811 — L'Éventail cassé. — L'Amant écouté. 2 pièces en couleur, chez *Bonnet*.

Superbes épreuves.

812 — La Déclaration. — L'Amant pressant. 2 pièces en couleur par *A. Legrand*.

Très-belles épreuves.

HUET (D'après J.-B.)

813 — Bergère et son mouton. Sanguine par *Demarteau* (230).

Belle épreuve.

814 — Amour couché pleure son oiseau qui s'envolle (491). — Amour avec son chien (492). 2 pièces en couleur, in-4 en travers, par *Demarteau*.

Superbes épreuves.

815 — Vénus sur un dauphin, en couleur. In-4. *Demarteau, excud.* (553).

Très-belle épreuve.

816 — Jeune Berger faisant tenir son chien debout. Sanguine par *Demarteau* (213).

Superbe épreuve, marge.

817 — Bergère et son enfant jouant avec un mouton. Ovale équarri in-4 en travers, en couleur, par *Demarteau* (369).

Superbe épreuve, toute marge.

818 — L'Été : Baigneuses, en couleur, par *Demarteau*, 1785 (633).

Superbe épreuve.

819 — L'Automne : Bacchanale, en couleur, par *Demarteau* (634).

Belle épreuve.

HUQUIER (D'après)

820 — Berger chinois, entouré de plantes et ornements dans le goût de Pillement. In-fol. par *Aveline*.

Superbe épreuve.

HUTIN (Charles)

821 — (Agar). Eau-forte, 1er état (de Baudicourt. 2).

Superbe épreuve, toute marge.

822 — (Tobie et l'Ange). Eau-forte, 1er état (de B. 3).

Superbe épreuve, toute marge.

823 — (La Vierge berçant l'Enfant-Jésus). Eau-forte, 1er état (de B. 5).

Superbe épreuve, toute marge.

824 — (La Vierge berçant l'Enfant-Jésus). La Vierge de profil dirigée à droite. Composition un peu différente de la précédente. Eau-forte, *non décrite*.

Superbe épreuve, toute marge.

825 — (Repos de la Sainte-Famille en Egypte). Eau-forte, 1er état (de B. 7).

Superbe épreuve, toute marge.

826 — (Vision de saint Joseph en Egypte). Eau-forte, 1er état (de B. 8).

Superbe épreuve, toute marge.

827 — (Vision de saint Joseph). Composition un peu différente, saint Joseph est dirigé à gauche. Eau-forte *non décrite*.

Superbe épreuve, toute marge.

828 — (Entretien de Jésus et de Nicodème). Eau-forte. 1er état (de B. 9). Les figures sont en pied.

Superbe épreuve, toute marge.

829 — (Entretien de Jésus et de Nicodème). Jésus est à droite dirigé à gauche, les figures à mi-corps. Eau-forte *non décrite*.

Superbe épreuve, toute marge.

HUTIN (Charles)

829

830 — (Entretien de Jésus avec la Samaritaine). Eau-forte 1er état (de B. 10).

Superbe épreuve, toute marge.

831 — (Tarquin et Lucrèce). Eau-forte 1er état (de B. 16). Sujet ovale.

Superbe épreuve, toute marge.

832 — (Jeux d'enfants). Eau-forte 1er état (de B. 17).

Superbe épreuve, toute marge.

833 — (Tombeau avec une Renommée). Eau-forte 1er état (de B. 27).

Superbe épreuve.

HUTIN (François)

834 — (Donner l'aumône). Eau-forte avec le C sur l'F, mais avant l'a à gauche et le 5 à droite. État non décrit (de B. 1).

Belle épreuve, marge.

835 — (Donner à boire). Eau-forte 1er état (de B. 2).

Belle épreuve, marge.

836 — (Donner à manger). Eau-forte 1er état (de B. 3).

Belle épreuve, marge.

JEAURAT (D'après)

PIÈCES EN HAUTEUR

837 — (Les Éléments). L'Eau : Jeune Garçon seringuant par la fenêtre. — Le Feu : Garçon allumant une fusée avec un charbon. — La Terre : Garçon tenant des fruits près d'un pot de fleurs. — L'Air : Garçon avec un cerf-volant. 4 pièces in-4 par *Élisabeth Marlié-Lépicié*.

Superbes épreuves, marges vierges.

JEAURAT (D'après)

838 — La belle Rêveuse. In-4 par *R. Gaillard*.
Superbe épreuve, petite marge.

839 — La même, contre-partie dirigée à droite, par *A. Tischler*.
Épreuve avec marge.

840 — Le jeune Symphoniste. In-4 par *D. Sornique*.
Superbe épreuve, petite marge.

841 — Les Caresses réciproques. In-4 par *Jardinier*.
Superbe épreuve, petite marge.

842 — La petite Jalouse. In-4 par *R. Gaillard*.
Superbe épreuve, toute marge.

843 — Vertumne, amoureux de Pomone, se travestit en vieille pour s'en faire aimer. Gravé par son frère, 1732.
Superbe épreuve, grande marge.

844 — L'Huître et les Plaideurs, fable de La Fontaine. Gravé par son frère, 1733.
Superbe épreuve, marge vierge.

845 — L'Astrologue qui se laisse tomber dans un puits, fable de La Fontaine, gravé par son frère, 1736.
Superbe épreuve, marge vierge.

846 — La Femme noyée, fable de La Fontaine, gravé par son frère, 1730.
Superbe épreuve, marge vierge.

847 — L'Amour et la Folie, fable de La Fontaine, gravé par son frère, 1732,
Très-belle épreuve, toute marge.
(Voir Contes de La Fontaine, nos 927 à 938.)

848 — L'Économe, — la Coquette. 2 pièces par *Michel Aubert*.
Superbes épreuves, toute marge.

JEAURAT (D'après)

849 — La Scavante, — la Dévote. 2 pièces par *Michel Aubert*.
Superbes épreuves, toute marge.

850 — L'Éplucheuse de salade, par *Beauvarlet*.
Superbe épreuve, toute marge, avant les armes.

851 — L'Éplucheuse de salade, par *Beauvarlet*.
Superbe épreuve, grande marge, avec les armes.

852 — La Servante congédiée, par *Balechou*.
Belle épreuve, marge.

853 — La Couturière, par *Balechou*, 1749.
Superbe épreuve, grande marge.

854 — La Coeffeuse, par *Sornique*.
Superbe épreuve, toute marge.

855 — L'Accouchée, par *Lépicié*, 1744.
Superbe épreuve, toute marge.

856 — La Relevée, par *Lépicié*, 1744.
Superbe épreuve, toute marge.

857 — La Jeunesse, par *Lépicié*, 1745.
Superbe épreuve, toute marge.

858 — La Vieillesse, par *Lépicié*, 1745.
Superbe épreuve, toute marge, avec les armes.

859 — Le Fiacre, par *Pasquier*.
Superbe épreuve, marge vierge.

860 — Le Mari jaloux, par *Balechou*. 1743.
Superbe épreuve, grande marge.

JEAURAT (D'après)

861 — L'Opérateur Barri, par *Balechou*, 1743.

Superbe épreuve, toute marge.

862 — Le Goûté, par *J. Balechou*.

Superbe épreuve, toute marge.

863 — L'Amour coquet, gravé par son frère, 1732.

Très-belle épreuve, grande marge.

864 — L'Amour petit maître, gravé par son frère, 1732.

Très-belle épreuve, toute marge.

865 — Le Repos de Diane, par *Charpentier*.

Belle épreuve, marge.

866 — Vénus et Adonis, par *R. Gaillard*.

Très-belle épreuve, marge vierge.

867 — L'Exemple des mères, par *Lucas*.

Très-belle épreuve, marge.

868 — Tête de jeune fille coiffée d'un mouchoir noué sous le menton, grandeur naturelle, manière de crayon. Sanguine par *Lucien*.

Superbe épreuve, marge.

PIÈCES EN TRAVERS

869 — Hercule et Omphale. — Acis et Galathée. 2 pièces par *Et. Fessard*.

Magnifiques épreuves, toute marge.

870 — La Muse Uranie, par *Daullé*, 1756.

Belle épreuve, marge.

JEAURAT (D'après)

Vig. 9 871 — Naissance de Vénus, par *M. Aubert.* Fontaine 30
Superbe épreuve, marge.

Vig. 14 872 — Diane au bain, par *Dupin.* Fontaine 25
Très-belle épreuve, chez Surugue, etc., marge.

Lelogeais 5 873 — Diane au bain par *Dupin.*
Belle épreuve, chez Baldet, marge.

Malinet 37 874 — L'Amour du vin. — L'Amour de la chasse. 2 compositions de six et sept Amours, par *Ludovic Surugue.*
Très-belles épreuves, toute marge.

Vig. 31 875 — La place des Halles, par *Aliamet* : Vadé et ses amis. On voit le pilori et la fontaine. Albert 18
Superbe épreuve, grande marge.

Vig. 31 876 — La place Maubert, par *Aliamet.* Renard 8
Très-belle épreuve, marge.

Vig. 30 877 — Les Citrons de Javotte : Histoire du carnaval de Vadé, par *C. Levasseur.* Albert 8
Superbe épreuve, marge.

Vig. 3.50 878 — Laban cherchant ses dieux, que Rachel lui avait dérobés, 1739. — Jacob se prosterne aux pieds d'Esaü, qui l'embrasse en pleurant. 2 pièces, 1744, par *M. Aubert.*
Très-belles épreuves, marge.

Cl 51 879 — Déménagement d'un peintre, par *Cl. Duflos.* Girard 40
Superbe épreuve, toute marge.

Cl 50 880 — Enlèvement de police, par *Cl. Duflos.* Girard 40
Superbe épreuve, toute marge.

JEAURAT (D'après)

881 — Transport des filles de joie à l'hôpital, par *C. Le Vasseur*. Grand in-fol.

Belle épreuve.

JOUVENET (D'après)

PIÈCES EN HAUTEUR

882 — (Le Soleil faisant place à la Nuit), par *C. Dubosc*.

Superbe épreuve, grande marge.

883 — Latone, par *Du Bocq*, 1714. Ovale équarri.

Superbe épreuve, grande marge.

884 — (Andromaque défendant Astianax), par *L. Desplaces*.

Superbe épreuve, marge.

885 — (Vénus dans l'atelier de Vulcain), par *L. Desplaces*.

Superbe épreuve, toute marge.

886 — Magnificat, chez *L. Jacob*.

Très-belle épreuve, petite marge.

887 — (Présentation au Temple), par *Alexis Loir*. Grand in-fol.

Belle épreuve, grande marge, piquée d'humidité.

PIÈCES EN TRAVERS

888 — La Mechanique. Ovale grand in-4, par *Lud. Simonneau, junior*.

Très-belle épreuve, grande marge.

889 — (Jésus guérissant les malades), par *Pierre Aveline*.

Épreuve avant et avec l'adresse de Jean. 2 pièces.

JOUVENET (D'après)

890 — (Résurrection de Lazare), par *J. Audran*. Très-grand in-fol.

Superbe épreuve, petite marge, pliée en deux.

LAGRENÉE

891 — (Saint Jérôme méditant). Eau-forte in-4 en travers.

Très-belle épreuve.

892 — (Offrande au dieu Pan). Eau-forte en travers.

Très-belle épreuve avant la planche coupée en haut de 2 centim. 24 centimètres de noir.

893 — La même, la planche coupée.

Très-belle épreuve, 22 centimètres de noir.

LAGRENÉE (D'après)

894 — Triomphe de la peinture, par *Dennel*, en hauteur.

Superbe épreuve, marge.

895 — Suzanne et les Vieillards, par *Helman*, 1780. En travers.

Superbe épreuve avant la dédicace, toute marge.

896 — (Bacchus et Ariane), par *Voyez l'aîné*.

Superbe épreuve avant toute lettre, avec les armes, marge.

897 — Tancrède secouru par Herminie, par *Beauvarlet*.

Superbe épreuve, grande marge.

LA HYRE (D'après de)

898 — Le Charme de la musique, par *Chevillet*, en hauteur.

Superbe épreuve, marge.

LA HYRE (D'après de)

899 — La Jeunesse indifférente, par *P. Dupin.*
Superbe épreuve, grande marge.

900 — (Meleagre présentant la tête du sanglier à Atalante), par *F. Chauveau.* En travers.
Superbe épreuve, marge.

LA JOUE (D'après J.)

901 — L'Architecture, — la Botanique, — l'Histoire, par Cochin. — La Musique, — la Peinture, par Tardieu. — La Pharmacie, — la Sculpture, par *Cochin.* 7 pièces.
Superbes épreuves, marge.

LALLEMANT (D'après J.-B.)

902 — Vue des environs de Frascati. — Fontaine des environs de Tivoli. 2 pièces, par *David Née,*
Très-belles épreuves, toute marge.

903 — La Fontaine des Nymphes, par *D. Née.*
Superbe épreuve, marge.

904 — Sacrifice au Dieu Pan, — le Bain troublé. 2 pièces, par *M. T. de Launay,* femme de Maugein.
Superbes épreuves, grandes marges.

905 — Vue de Verone, — vue d'un Temple près de Verone. 2 pièces. par *P. Laurent,* en travers.
Superbes épreuves, marges.

LALLÉE (D'après Ét.)

906 — Le Messager fidèle, par *L. M. Halbou.*
Superbe épreuve, grande marge.

LANCRET (D'après)

907 — (M. Thomassin et Mlle Silvia). Grand in-8, par *Cars.* (E. Baucher 80) A.

Belle épreuve, marge.

908 — Lise s'en va changer, etc. (E. B. 47) avec adresse. — Près de vous, belle Iris, etc. (E. B. 62) avant l'adresse. — Quand vous voulez toucher, etc. (E. B. 65) avant l'adresse. — Quoy! n'avoir pour vous trois (E. B. 67), avant l'adresse. Suite de 4 pièces, par *M. Hortemels.*

Superbes épreuves, marge.

909 — (Par une tendre chansonnette), avant l'adresse de Basset, état non décrit, par *C. N. Cochin* (E. B. 58).

Superbe épreuve, grande marge.

910 — (Dans cette aimable solitude), par *C. N. Cochin* (E. B. 21), avant l'adresse de Basset.

Superbe épreuve, grande marge.

911 — La belle Grecque, par *G. F. Schmidt*, (E. B. 15), avant dernier état.

Superbe épreuve, marge.

912 — Le Théâtre italien, par *G. F. Schmidt* (E. B. 79), 1er état.

Magnifique épreuve avant l'adresse de Gaillard, toute marge.

913 — Second Livre de pièces de Clavecin, par *C. N. Cochin* (E. B. 72), — Troisième Livre de pièces de Clavecin (E. B. 81), par *S. H. Thomassin*. 2 pièces.

Belles épreuves.

914 — Veux-tu d'une inhumaine, etc., par *S. Silvestre* (E. B. 85).

Très-belle épreuve, grande marge.

LANCRET (D'après)

915 — La Musique champêtre, par *St. Fessard*, 1758 (E. B. 52). 1er état.

Superbe épreuve, toute marge.

916 — Le Berger indécis, par *J. Tardieu.*

Magnifique épreuve, toute marge.

917 — Que le cœur d'un Amant est sujet à changer, par *S. Silvestre Le Moine* (E. B. 66).

Superbe épreuve, grande marge.

918 — D'un baiser que Tircis, par *S. Silvestre*, (E. B. 26).

Superbe épreuve, grande marge.

919 — Conversation galante, par *Jacques Philippe Le Bas* (E. B. 20).

Superbe épreuve, toute marge.

920 — Le Printemps, par *B. Audran* (E. B. 64). — l'Esté, par *G. Scotin* (E. B. 31), — l'Automne, par *N. Tardieu* (E. B. 13), — l'Hiver, par *J.-P. Le Bas* (E. B. 40). 4 pièces.

Très-belles épreuves, petite marge.

921 — L'Air, par *N. Tardieu*, (E. B. 4), — l'Eau, par *L. des Place* (E. B. 27), — le Feu, par *B. Audran* (E. B. 34), la Terre, par *C. N. Cochin*, (E. B. 75). 4 pièces.

Superbes épreuves, toute marge.

922 — Partie de Plaisirs, par *P. E. Moitte* (E. B. 57). Pièce connue sous le nom du repas des bonnets de coton.

Très-belle épreuve, grande marge, une tache d'encre sur le bas des armes.

LANCRET (D'après)

PIÈCES EN TRAVERS

923 — Les gentilles Baigneuses, par *Moitte* (E. B. 36). 1er état non décrit avec, à Paris chez Moitte, rue Saint-Julien-le-Pauvre, près le petit Chatelet.
Superbe épreuve, grande marge.

924 — Les gentilles Baigneuses, par *Moitte* (E. B. 36), adresse effacée.
Superbe épreuve, toute marge.

925 — Les Charmes de la conversation, par *Petit* (E. B. 18).
Très-belle épreuve, grande marge.

926 — L'Occasion fortunée, par *G. Scotin* (E. B. 54).
Superbe épreuve, marge.

CONTES DE LA FONTAINE

927 — Nicaise, par *G. F. Schmidt*. 1er état très-rare (E. B. 53).
Superbe épreuve.

928 — Le Faucon, avec *De Larmessin*, à la place de Schmidt, (E. B. 32). 2e des 4 états.
Superbe épreuve, marge.

929 — Le Gascon puni, par *De Larmessin* (E. B. 35). 1er état.
Superbe épreuve, marge.

930 — Pâté d'Anguilles, par *De Larmessin*, (E. B. 59).
Superbe épreuve, toute marge.

931 — Les Troqueurs, par *De Larmessin* (E. B. 83). 1er état.
Superbe épreuve, toute marge.

LANCRET (D'après)

932. — On ne s'avise jamais de tout, par *De Larmessin* (E. B. 55). 1er état.

Superbe épreuve, toute marge.

933. — Le petit Chien qui secoue de l'argent et des pierreries, par *De Larmessin* (E. B. 60). 1er état.

Superbe épreuve, marge vierge.

934. — La Servante justifiée, par *De Larmessin*, (E. B. 73). 1er état.

Magnifique épreuve, marge vierge.

935. — A Femme avare galant escroc, avec De Larmessin, à la place de *G. F. Schmidt* (E. B. 2), avant-dernier état.

Magnifique épreuve, marge vierge.

936. — Les Oyes de frère Philippe, par *De Larmessin* (E. B. 56). 1er état.

Magnifique épreuve, marge vierge.

937. — Les Remois, par *De Larmessin* (E. B. 69).

Très-belle épreuve, marge vierge.

938. — Les deux Amis, par *De Larmessin* (E. B. 25). 1er état.

Magnifique épreuve, marge vierge.

(Voir Conte de La Fontaine, no 1026.)

939. — La Coquette du village, par *De Larmessin*, (E. B. 21). 1er état.

Superbe épreuve, marge vierge.

942. — Le Matin (E. B. 49), le Midi (E. B. 50), avant l'adresse de Crespy. — L'Après-dînée (E. B. 10), avant l'adresse de Crespy. — La Soirée (E. B. 74), avant l'adresse de Crespy. 4 pièces, par *N. De Larmessin.*

Magnifiques épreuves, toute marge.

LANGRET (D'après)

943 — Le Jeu de cache-cache Mitoulas, avec *De Larmessin*, à la place de Schmidt (E. B. 41), avant l'adresse de Gaillard.

Magnifique épreuve, toute marge.

944 — Le Jeu des quatre coins, avec *De Larmessin*, à la place de Schmidt (E. B. 44).

Magnifique épreuve, toute marge.

945 — Le Printemps (E. B. 63), — l'Été (E. B. 30), — l'Automne (E. B. 12), — l'Hiver (E. B. 39). 4 pièces, par *De Larmessin*, avant l'adresse de Crespy.

Magnifiques épreuves, toute marge.

946 — Récréation champêtre, par *Joullain* (E. B. 68).

Belle épreuve, marge.

947 — L'Amusement du petit Maître, par *F....* (Favannes), (E. B. 9).

Belle épreuve, marge.

948 — Les Agréments de la campagne. Eau-forte pure avant toute lettre (E. B. 3).

Rare épreuve.

949 — Les Agréments de la campagne, par *Joullain* (E. B. 8).

Superbe épreuve, marge.

950 — Les amours du Bocage, par *N. De Lamessin* (E. B. 8).

Superbe épreuve, grande marge.

951 — Le Jeu de pied de beuf, par *De Larmessin* (E. B. 43).

Magnifique épreuve, grande marge.

LANCRET (D'après)

952 — Le Glorieux, par *N. Dupuis*, avec N. D. (E. B. 37).

Très-belle épreuve, marge.

953 — Le Philosophe marié, par *C. Dupuis* (E. B. 61), avec *cocur* au lieu de cœur. 1er état.

Superbe épreuve, marge.

954 — L'Enfance (E. B. 28), — la Jeunesse (E. B. 45), — l'Adolescence (E. B. 1), — la Vieillesse (E. B. 86). 4 pièces, par *N. De Larmessin*.

Superbes épreuves, grande marge.

955 — Le Maître galant. Eau-forte pure, avant toute lettre. (E. B. 48).

Rare et superbe épreuve, petite marge.

956 — Le Maître galant, par *J. P. Le Bas*, (E. B. 48), avec l'adresse de Petit.

Superbe épreuve, marge.

957 — Le Jeu de Colin-Maillard, par *C. N. Cochin*.

Magnifique épreuve, très-grande marge, très-grand in-fol.

958 — Repas italien, par *J. P. Le Bas*.

Magnifique épreuve, très-grand in-fol., très-grande marge.

LA RUE (D'après Louis-Félix de)

959 — Adoration des Bergers, par *Parizeau*, 1774. Eau-forte.

Belle épreuve, marge.

LA RUE (D'après Louis-Félix de)

960 — Deux Figures allégoriques, soutenant une draperie pour titre. Eau-forte au trait.—Nymphes supportant une urne, deux différentes, et triomphe du petit Bacchus. Planche entière. — Les trois Sujets séparés. La planche coupée en trois. — Un Sacrifice sur un Bouclier, avec deux Nymphes pour support. 6 pièces sur 4 feuilles, par *Parizeau*. In-4.

961 — Différentes compositions. 8 scènes de sacrifices et autres. In-4, par *Parizeau*, sur 4 feuilles.

962 — Différentes compositions : Sainte-Famille, Nymphe dansant, le Veau d'or et autres, par *Parizeau*. 10 pièces. In-4 sur 5 feuilles.

Très-belles épreuves.

963 — Jeu d'enfants, par *Ph. L. Parizeau*. En bistre, n° 6.

Belle épreuve.

964 — (Triomphe de la peinture), représenté par onze Enfants. Grand in-8, en bistre.

Superbe épreuve, marge.

LA RUE (D'après F.-R. de)

965 — Bacchanales. 6 compositions différentes, par *L. F. D.* (Louis Félix de La Rue), son frère.

Épreuves sur papier bleuté, et 4 épreuves sur papier pour différence. En tout 10 pièces.

LAVREINCE (D'après N.)

PIÈCES EN HAUTEUR

966 — Le Déjeuner anglais, par *Vidal* (Emmanuel Bocher, 17).

Épreuve avant l'adresse de Vidal.

LAVREINCE (D'après N.)

967 — La Leçon interrompue, par *Vidal* (E. B. 35).
Superbe épreuve, grande marge.

968 — L'heureux moment, par *N. De Launay* (E. B. 28).
Superbe épreuve, avant-dernier état.

969 — La Consolation de l'absence, par *N. De Launay* (E. B. 14).
Superbe épreuve, marge.

970 — Les Sabots, par *J. Couché* (E. B. 57).
Superbe épreuve, toute marge.

971 — Les Soins mérités, par *De Launay*, le jeune (E. B. 60).
Superbe épreuve, toute marge.

972 — L'Innocence en danger, par *Caquet* (E. B. 31).
Superbe épreuve, toute marge.

973 — Le Roman dangereux, par *Helman*, 1781 (E. B. 56).
Superbe épreuve, marge vierge.

974 — Le Retour trop précipité, par *J. A. Pierron*, 1788 (E. B. 54).
Superbe épreuve avant l'adresse de Mondhard et avant le fleuron, circonscrit dans un médaillon, marge vierge.

975 — La Marchande à la toilette. Eau-forte pure (E. B. 37).
Très-rare épreuve, sans indication des armes.

976 — La Marchande à la toilette, par *Vidal* (E. B. 37).
Superbe épreuve, toute marge.

977 — La Soubrette confidente, par *G. Vidal* (E. B. 61).
Superbe épreuve, marge vierge.

978 — Les Offres séduisantes, par *J. E. Delignon* (E. B. 43).
Très-belle épreuve, toute marge.

LAVREINCE (D'après N.)

979 — Le Restaurant, par *Deni* (E. B. 53).
Superbe épreuve, marge vierge.

980 — Le Repentir tardif, par *Le Villain* (E. B. 52).
Très-belle épreuve, grande marge.

981 — La Balançoire mystérieuse, par *Vidal* (E. B. 9).
Superbe épreuve, avec gravée par Vidal et avant le flot complet, état non décrit, marge.

982 — Les Nymphes scrupuleuses, par *Vidal* (E. B. 42).
Superbe épreuve avant toute lettre et avant la guirlande de roses.

983 — Qu'en dit l'Abbé? par *N. De Launay* (E. B. 51).
Superbe épreuve, marge vierge, avant l'adresse de Marel.

984 — Le Billet doux, par *N. De Launay* (E. B. 10).
Superbe épreuve, lettre grise, marge vierge tachée d'humidité, avant l'adresse de Marel.

985 — Le Serin chéri. Eau-forte pure, au trait (E. B. 59).
Très-rare épreuve, in-4.

986 — Ah! laisse-moi donc voir! par *Janinet*. In-4 en couleur (E. B. 2).
Superbe épreuve avant toute lettre, la marge du cuivre.

987 — Valmont and presid^te de Tourvel, par *Romain Girard*. Ovale (E. B. 63). Bistre relevé de couleur.

988 — La Sentinelle en défaut, par *D'Arcis* (E. B. 58).
Superbe épreuve en bistre, avant l'adresse changée, 2e des 4 états, toute marge.

989 — Le Déjeuner anglais. En couleur, par *Vidal* (E. B. 17).
Superbe épreuve avant toute lettre, petite marge, rare.

LAVREINCE (D'après N.)

990 — La Comparaison. En couleur, par *Janinet*, 1786 (E. B. 12).

Magnifique épreuve, très-grande marge.

991 — L'Aveu difficile. En couleur, par *Janinet* (E. B. 8).

Superbe épreuve avant la lettre, avec *F. Janinet*, 1787, à la pointe, grande marge.

992 — L'Indiscrétion. En couleur, par *Janinet* (E. B. 30).

Superbe épreuve avant la lettre, avec le pied de la femme assise et *F. Janinet, sculp.* à la pointe, sous le trait carré.

PIÈCES EN TRAVERS

993 — Le Coucher des Ouvrières en modes (E. B. 16, — le Lever des Ouvrières en modes (E. B. 36). 2 pièces, par *F. Dequevauviller*.

Superbes épreuves avant l'adresse de Bance, toute marge.

994 — École de danse, par *F. Dequevauviller* (E. B. 22).

Superbe épreuve avant l'adresse de Bance, toute marge.

995 — Les Apprêts du ballet, par *Tresca* (E. B. 4).

Très-belle épreuve avant la lettre.

996 — Les Apprêts du ballet, par *Tresca* (E. B. 4).

Superbe épreuve, marge vierge.

997 — L'Assemblée au concert (E. B. 5), — l'Assemblée au salon (E. B. 6). 2 pièces. Eau-forte pure.

Magnifiques et très-rares épreuves.

998 — L'Assemblée au concert (E. B. 5), — l'Assemblée au salon (E. B. 6). 2 pièces par *F. Dequevauviller*.

Superbes épreuves, avec le titre, mais avant la dédicace, petite marge.

LAVREINCE (D'après N.)

999 — Le Mercure de France, par *Guttenberg* le jeune (E. B. 38) : C'est Beaumarchais qui lit Figaro.

Superbe épreuve, avant-dernier état, petite marge.

1000 — La partie de Musique, par *V. Langlois* le jeune (E. B. 46).

Superbe épreuve, petite marge.

1001 — Les trois Sœurs au parc de Saint-Cloud. En couleur, par *J. B. Chapuy* (E. B. 11).

Superbe épreuve avant l'adresse, état non décrit, toute marge.

1002 — Les Grâces parisiennes au bois de Vincennes. En couleur, par *J. B. Chapuy* (E. B. 50).

Superbe épreuve, toute marge.

LE BARBIER (D'après)

1003 — (Jupiter et Antiope). Avant toute lettre.

Magnifique épreuve, marge.

1004 — La Prudence en défaut. — Le Mari dupé et content. 2 pièces, par *Patas*.

Très-belles épreuves, toute marge.

1005 — Titre de la Carte du cours de la Moselle et de la Sarre. Grand in-fol., composition de six figures, Fleuve, Nymphes et Amours, gravé par *Choffard*.

Très-belle épreuve.

LE BAS (J.-P.)

1006 — Paysages avec figures. 4 pièces sur la même feuille.

Superbes épreuves, très-grande marge.

LE BEAU (Chez)

1007 — Conventions de mariage. — Le Mari trompé. 2 pièces in-4.

Superbes épreuves, marge.

1008 — La partie d'Œufs frais. Ovale en hauteur.

Magnifique épreuve, marge.

1009 — La réalité du plaisir. Ovale en hauteur, par *Le Beau.*

Superbe épreuve, quelques piqûres de vers dans la marge.

LE BLOND (D'après J.)

1010 — (Jupiter foudroyant les Titans), par *P.-E. Moitte.*

Superbe épreuve avant la lettre, marge.

LE BOUTEUX (D'après)

1011 — Le Berger curieux. — La Bergère rusée. 2 pièces, par *N.-J.-B. de Poilly.*

Très-belles épreuves, grandes marges.

LEBRUN (D'après L.)

1012 — L'École de l'Amour, par *J.-B.-C. Chatelain*, 1772. — Le Maitre de musique, par *J. Coquerel.* 2 pièces.

Superbes épreuves, toute marge.

LE BRUN (D'après Mme L.-Élisabeth Vigée)

1013 — La Vertu irrésolue. Avant toute lettre, le cartouche blanc.

Très-belle épreuve, petite marge.

LE BRUN (D'après Mme L.-Élisabeth Vigée)

1014 — La Vertu irrésolue, par *Dennel*.

Très-belle épreuve, marge.

LE CLERC (D'après S.)

1015 — On voit ici en la personne d'Achile, etc., par *E. Jeaurat*, 1713.

Magnifique épreuve, marge.

1016 — Mardoché ceint du diadème, etc., par *E. Jeaurat*, 1737.

Magnifique épreuve, marge.

LE CLERC (D'après J.-C.)

1017 — Titre. Les quatre heures de la Toilette des Dames : un Amour tient un miroir à une petite fille qui se pare de bijoux, dans un joli entourage orné. In-4, par *J. Le Roy*.

Superbe épreuve.

LE CLERC (D'après)

1018 — Le joueur de Musette, par *Gaillard*.

Très-belle épreuve, marge.

1019 — L'Abbé en conqueste. — L'Hermite en queste. 2 pièces, chez *Bonnart*.

Très-belles épreuves, grande marge.

1020 — Le départ de l'Enfant prodigue, par *Basan*.
Vie débauchée de l'Enfant prodigue, par *Teucher*.
L'Enfant prodigue dans la plus grande misère, par *de F...*
L'Enfant prodigue réclamant la bonté de son père, par *Moitte*.
Réjouissance pour le retour de l'Enfant prodigue, par *Basin*. 5 pièces, en travers.

Très-belles épreuves, marge.

LE CLERC (D'après)

1021 — Buste de Femme, avec plumes à sa coiffure, regardant à gauche. Fac simile, sanguine, chez *Bonnet* (133).

Superbe épreuve, marge.

1022 — Buste de jeune fille, dirigée à gauche, en couleur.

1023 — Buste de jeune fille, la tête penchée vers la droite, en couleur.

1024. — Buste de jeune fille, de profil à droite, en couleur.

Ces trois pièces sont par Marin sous la direction de Bonnet. Ovales équarris. Très-belles épreuves, petite marge.

LE MESLE (D'après)

1025 — En vain, caressante Climène, etc. : Jeune fille jouant avec un singe, par *Fillœul.*

Très-belle épreuve, marge.

1026 — La Clochette, conte de La Fontaine, par *Fillœul.*

Superbe épreuve, toute marge.

(Voir Fables de La Fontaine, n° 1230.)

LEMOINE, sc.

1027 — Tête de Femme de profil dirigée à droite. Eau-forte, in-8.

Belle épreuve.

LE MOINE (D'après F.)

PIÈCES EN HAUTEUR

1028 — Six Enfants jouant avec la peau de Lion et la massue d'Hercule, par *N. Silvestre* le fils. In-4.

Belle épreuve.

LE MOINE (D'après F.)

2.50 1029 — Prefectus modestus neque minis, etc., par *C.-N. Cochin.*
Superbe épreuve, grande marge.

11 1030 — Hercule et Omphale. — Andromède. 2 pièces, avant toute lettre.
Superbes épreuves.

4 1031 — (Hercule et Omphale). Studioso et perito. — (Andromède). Sagaciter collido, etc. 2 pièces, par *L. Cars.*
Superbes épreuves, toute marge.

7 1032 — (Le Temps enlevant la Vérité), par *L. Cars.* — Fontaine 20
Superbe épreuve, toute marge.

11 1033 — Mortel, fuyez loin de ces lieux : Iris entrant au bain, par *Laur. Cars.*
Magnifique épreuve, marge vierge.

6 1034 — (Adam et Ève), par *Laur. Cars.*
Superbe épreuve, toute marge.

31 1035 — (Enlèvement d'Europe). Eau-forte pure, avant toute lettre.
Belle et rare épreuve, marge.

22 1036 — (Enlèvement d'Europe), par *Laurent Cars.* — Fontaine 20
Très-belle épreuve, marge.

6.50 1037 — Céphale enlevé par L'Aurore, par *Laur. Cars.*
Très-belle épreuve, marge.

6.50 1038 — Narcisse, par *Pelletier.*
Épreuve avec petite marge.

3 1039 — (Annonciation), par *L. Cars.*
Superbe épreuve, toute marge.

[illegible]

LE MOINE [illegible]

[illegible]

LE MOINE (D'après F.)

1040 — Jacob arrive en Mésopotamie, aperçoit Rachel et se fait connaître à elle, par *C.-N. Cochin.*

Épreuve chez Cochin et chez la veuve Chereau.

1041 — La même estampe.

Superbe épreuve chez Basan, marge.

PIÈCES EN TRAVERS

1042 — Psyché curieuse. — Psyché punie. 2 pièces ovales équaries. *Basan excud.*

Superbes épreuves, marge.

1043 — Vénus endormie, par *E. Aliamet.*

Très-belle épreuve, marge.

1044 — Psyché abandonnée par l'Amour, par *Fessard.*

Superbe épreuve, marge.

1045 — (Diane découvrant la grossesse de Calisto), par *W. Walker*, 1767.

Belle épreuve avant la lettre, avec les armes, petite marge.

1046 — (Hercule tuant Cacus), par *Laur. Cars.* Grand in-fol.

Très-belle épreuve, petite marge.

1047 — La Continence de Scipion, par *Ch. Le Vasseur*, 1767. Grand in-fol.

Très-belle épreuve.

LE NAIN (D'après)

1048 — (La Forge). Eau-forte par *C. V. D. B.* (de Boissieu), neveu de J.-J. de Boissieu.

Superbe épreuve avant la lettre, marge.

LE NAIN (D'après)

1049 — L'École champêtre, par *Daullé.*
Superbe épreuve, marge.

LENFANT (D'après P.)

1050 — Les adieux de Catin, par *Beauvarlet.*
Superbe épreuve, grande marge.

LE PEINTRE (D'après)

1051 — La Cage symbolique. Avant toute lettre.
Magnifique épreuve, toute marge.

1052 — La Cage symbolique, par *Fessard*, avant la dédicace.
Magnifique épreuve, toute marge.

LÉPICIÉ (D'après N.-B.)

1053 — Le Repos, par *Clément Bervic*, en hauteur.
Très-belle épreuve.

1054 — Ménage des bonnes gens, par *De Longueil.* Ovale équarri en travers.
Superbe épreuve, marge.

LE PRINCE (Jean-Baptiste)

1055 — L'Adoration des Anges, d'après Vien. Fac simile de dessin, au bistre (Le Blanc, 1).
Superbe épreuve.

1056 — Jésus dans le Temple, en largeur (L. B. 2). Fac simile, au bistre.
Superbe épreuve, petite marge.

LE PRINCE (JEAN-BAPTISTE)

1057 — O fortunatos : Satyre et Bacchante gardant des troupeaux. Au bistre (L. B. 3).

Superbe épreuve.

1058 — Les cinq Sens. Avant la lettre 4. — La Vue. Avec la lettre. 5 pièces in-8, en bistre. En tout, 9 pièces (L. B. 4 à 8).

Superbes épreuves.

1059 — Le Printemps (L. B. 9). — L'Hiver (L. B. 10). — Costumes de femmes russes, 2 pièces à l'eau-forte.

Superbes épreuves.

1060 — La nouvelle Poésie (L. B. 11). — La Catastrophe (L. B. 12). — Les Tragiques (L. B. 13). — Les Pleureuses (L. B. 14). — Le Guet (L. B. 15). 5 pièces in-8, en bistre.

Superbes épreuves, marge.

1061 — Les Génies (L. B. 16). — L'Art de plaire (17). 2 pièces in-8, en bistre.

Superbes épreuves, grandes marges.

1062 — Le Berceau (L. B. 18). Avant la lettre. — Les Nouvellistes (L. B. 37). 2 pièces in-4, en largeur, en bistre.

Superbes épreuves.

1063 — Le Cabaret ambulant. Avant et avec la lettre, en bistre (L. B. 19). 2 pièces.

Superbes épreuves.

1064 — Le Cabaret Livonien (L. B. 20). — La Cuisine Livonienne (L. B. 22). 2 pièces à l'eau-forte.

Belles épreuves, marge.

LE PRINCE (Jean-Baptiste)

1065 — Le Chartier et la laitière (L. B. 21). Fac-simile à l'encre de Chine. — La même composition à l'eau-forte avec quelques changements, avec titre La Conversation russe. 2 pièces.

Superbes épreuves.

1066 — La danse Russe (L. B. 23). Avant la lettre, en bistre.

Très-belle épreuve.

1067 — Les Filets. Avant et avec la lettre (L. B. 24). En bistre. 2 pièces en largeur.

Superbes épreuves.

1068 — La Gazette (L. B. 25). — La Ménagère (L. B. 34). — Le Poêle (L. B. 44). Avant la lettre. — Costume d'homme debout (L. B. 134). — Homme assis (L. B. 135). 5 pièces en bistre.

Très-belles épreuves.

1069 — Halte de Calmouks (L. B. 26). Avant la lettre, bistre.

Superbe épreuve, marge.

1070 — La Jardinière (L. B. 27). En bistre.

Superbe épreuve, marge.

1071 — Joueur de Balalaye (L. B. 28). — Joueur de Chalumeau (L. B. 29). 2 pièces avant la lettre, les mêmes avec la lettre. 4 pièces en bistre.

Superbes épreuves.

1072 — La Lampe polonaise (L. B. 30). Avant et avec la lettre, en bistre. 2 pièces.

Superbes épreuves.

1073 — La Maîtresse d'École (L. B. 31). Avant la lettre, en bistre.

Magnifique épreuve, grande marge.

LE PRINCE (Jean-Baptiste)

1074 — Le marchand de Cowasse (L. B. 32). — Le Remouleur (L. B. 46). 2 pièces à l'eau-forte.

Très-belles épreuves.

1075 — Le marchand de Gâteaux (L. B. 33). Avant la lettre, en bistre.

Superbe épreuve, grande marge.

1076 — La Musicienne (L. B. 35). Avant et avec la lettre, en bistre. 2 pièces.

Superbes épreuves.

1077 — La Nourrice (L. B. 36). Avant et avec la lettre, bistre. 2 pièces.

Superbes épreuves.

1078 — Les Œufs cassés (L. B. 38). Avant la lettre. — La Baraque russe (L. B. 146). 2 pièces en bistre.

Superbes épreuves.

1079 — Le Page (L. B. 39). — Le Paysan (L. B. 42). — La Servante (L. B. 48). 3 pièces in-8, en bistre.

Superbes épreuves, marge.

1080 — Ire Pastorale (L. B. 40). Avant et avec la lettre. — IIe Pastorale (L. B. 41). — Avant la lettre. 3 pièces, en bistre.

Superbes épreuves.

1081 — Les Pêcheurs (L. B. 43). En bistre.

Superbe épreuve.

1082 — Récréation champêtre (L. B. 45). Avant la lettre, bistre.

Superbe épreuve, marge.

LE PRINCE (Jean-Baptiste)

1083 — Le Repos (L. B. 47). En bistre.

Superbe épreuve, marge.

1084 — La Vertu au Cabaret (L. B. 49). Eau-forte.

Superbe épreuve.

1085 — Habillements de diverses nations (L. B. 50 à 55). 6 pièces in-8, à l'eau-forte.

Superbes épreuves, marge.

1086 — IIe suite d'habillements de diverses nations (L. B. 56 à 61). 6 pièces in-8, en bistre.

Superbes épreuves, marge.

1087 — Suite de divers habillements des peuples du Nord (L. B. 62 à 67). 6 pièces à l'eau-forte. In-4.

Superbes épreuves.

1088 — Divers habillements des prêtres de Russie (L. B. 68 à 77). 10 pièces in-4, à l'eau-forte.

Superbes épreuves.

1089 — Divers ajustements et usages de Russie (L. B. 78 à 85). 10 pièces à l'eau-forte. In-4.

Superbes épreuves, marge.

1090 — Divers habillements des femmes de Moscovie (L. B. 86 à 91). 6 pièces in-8, à l'eau-forte.

Superbes épreuves.

1091 — IIe suite d'habillements des femmes de Moscovie (L. B. 92 à 97). 6 pièces in-8, à l'eau-forte.

Superbes épreuves.

LE PRINCE (Jean-Baptiste)

1092 — Première suite de cris de divers marchands de Pétersbourg et de Moscou (L. B. 98 à 103). 6 pièces in-4, à l'eau-forte.

Superbes épreuves.

1093 — 2ᵉ suite de divers cris de marchands de Russie (L. B. 104 à 109). 6 pièces in-4, en largeur, à l'eau-forte.

Superbes épreuves.

1094 — IIIᵉ suite de divers cris de marchands de Russie (L. B. 110 à 115). 6 pièces in-8, à l'eau-forte.

Superbes épreuves.

1095 — Les Strelitz (L. B. 117 à 124). Suite de 8 pièces in-4, à l'eau-forte.

Superbes épreuves.

1096 — Calmouck (L. B. 125). Avant et avec la lettre, en bistre. 2 pièces.

Superbes épreuves.

1097 — Le Janissaire Polonais (L. B. 126). — Officier des Janissaires polonais (L. B. 127). 2 pièces, avant la lettre, en bistre.

Superbes épreuves.

1098 — 1ʳᵉ suite de coiffures dessinées d'après nature (L. B. 128 à 133). 6 pièces in-8, en bistre.

Belles épreuves.

1099 — Le Cabaret de Moscou (L. B. 142). Avant la lettre, bistre.

Superbe épreuve.

LE PRINCE (Jean-Baptiste)

1100 — Vue des environs de Nerva (L. B. 143). Avant la lettre, bistre.

Superbe épreuve.

1101 — Vues des environs de Saint-Petersbourg (L. B. 144-145). 2 pièces in-4 en largeur, à l'eau-forte.

Superbes épreuves.

1102 — Les Barques (L. B. 147). Avant et avec la lettre, en bistre. 2 pièces.

Superbes épreuves.

1103 — Les Bateaux russes (L. B. 149). Avant la lettre, en bistre.

Superbe épreuve.

1104 — Le Bœuf (L. B. 150). — Le chariot (L. B. 152). Avant la lettre. 2 petites pièces en bistre.

Superbes épreuves.

1105 — La Cascade (L. B. 151). Avant et avec la lettre. 2 pièces en bistre.

Superbes épreuves.

1106 — Le Coche d'eau (L. B. 153). Avant la lettre, en bistre. — Le même avec la lettre en noir. 2 pièces.

Superbes épreuves.

1107 — La cuisine d'été (L. B. 155). Avant et avec la lettre, en bistre. 2 pièces.

Superbes épreuves.

1108 — La Ferme (L. B. 156). Avant la lettre. 2 pièces en bistre avant et avec le ciel.

Superbes épreuves.

LE PRINCE (JEAN-BAPTISTE)

1109 — Les Laveuses (L. B. 157). En bistre.
Superbe épreuve.

1110 — La Pompe (L. B. 158). — Le Pont russe, avant la lettre (L. B. 159). 2 pièces en bistre.
Superbes épreuves.

1111 — Le Port (L. B. 160). — Les Soldats (L. B. 161). — Les Voyageurs (L. B. 162). 3 petites pièces avant la lettre, en bistre.
Superbes épreuves.

1112 — Polonais tenant son bonnet de la main gauche, par Marianne Le Prince. — Religieux à mi-corps. 2 pièces in-4. non décrites.
Superbes épreuves.

1113 — Une Pêcherie, *Le Prince in. et sculpsit*, nº 7. En travers, non décrit.
Très-belle épreuve.

LE PRINCE (D'après J.-B.)

1114 — Recueil de Griffonis, de Vues, Paysages, Fragments antiques et sujets historiques, gravés tant à l'eau-forte qu'au lavis, par M. l'abbé de *Saint-Non*. 7 pièces ovales équarris.
Superbes épreuves, marges.

1115 — Intérieur de ferme, par *Saint-Non*.
Belle épreuve, marge.

1116 — Soupé russe, par *Le Bas*, avant et avec la lettre. — Iourte ou habitation souterraine des Kamtchadals pendant l'hiver, avant et avec la lettre, par *Tilliard*. — Tartares des environs de Kazan, avant et avec la lettre, par *Tilliard*. 6 pièces in-4.
Belles épreuves.

LE PRINCE (D'après J.-B.)

1117 — L'Amour du travail, avant la lettre.
Belle épreuve, très-jaune.

1118 — L'Amour du travail, par *Chevillet.*
Belle épreuve.

1119 — L'Amour des fleurs, par *Chevillet.*
Superbe épreuve, marge.

1120 — Le Moineau retrouvé, par *R. Gaillard.*
Très-belle épreuve, marge.

1121 — Le Négromantien, par *Helman*, 1785.
Très-belle épreuve, marge.

1122 — Jeune Fille tenant un vase de fleurs, fac-simile de dessin noir et rouge, par *Demarteau* (385).
Superbe épreuve.

1123 — Jeune Fille debout, la main droite sur le cou d'une tête esquissée. Sanguine, chez *Bonnet* (90).
Superbe épreuve, marge.

LE ROUX (L.)

1124 — Bains de Diane, en travers.
Très-belle épreuve, marge.

MALLET (D'après)

1125 — Les Jeux de l'amour, avant toute lettre.
Superbe épreuve, grande marge.

1126 — Le premier Pas, avant toute lettre.
Superbe épreuve.

MALLET (D'après)

1127 — Les Jeux de l'amour. — Le premier Pas. 2 pièces avant la lettre, par *Beljambe*.

Très-belles épreuves.

1128 — Julie, ou le premier baiser de l'amour, par *Copia*.

Très-belle épreuve, toute marge.

MARILLIER (D'après)

1129 — Les Regrets inutiles. In-4, par *Mlle Chevery*.

Épreuve, très-grande marge.

1130 — Le Devoir maternel : Blanche de Castille nourrissant son fils saint Louis. In-4, par *Voyez l'aîné*.

Très-belle épreuve, marge.

1131 — Valmiers, in-8, par *Fessard*, avant et avec la lettre. 2 pièces.

Très-belles épreuves.

1132 — Les Zéphirs badinent sur l'onde calme, Belinde rit, etc. 2 pièces in-8, par *Godefroy*, avant et avec la lettre.

Superbes épreuves.

1133 — O Sagesse! ô Anthisthene! où étiez-vous alors? Eau-forte et avec la lettre. 2 pièces in-8, par *De Ghendt*.

Superbes épreuves.

1134 — Bien écrire est le chef-d'œuvre de la nature, in-8, avant et avec la lettre. 2 pièces, par *Dambrun*.

Très-belles épreuves.

1135 — Voyant qu'il est sans vie, elle pousse des soupirs, etc., avant et avec la lettre. 2 pièces in-8, par *Maillet*.

Très-belles épreuves.

MARILLIER (D'après)

1136 — Ici de la vertu c'est la pompe paisible, eau-forte et avec la lettre. 2 pièces in-4, par *Ponce*.

Très-belles épreuves.

1137 — Il est une nymphe sur la terre, etc., par *De Launay*, avant et avec la lettre. — Quand les Dieux bâillent, etc., par *Triere*, avant et avec la lettre. 4 pièces in-8.

Très-belles épreuves.

1138 — Histoire de Joseph, 9 vignettes in-12, par *D. Née*.

Belles épreuves.

1139 — Homère L'Iliade, suite de 25 vignettes in-4, avant la lettre avec l'entourage, et 8 avec la lettre in-8 : en tout 33 pièces.

Superbes épreuves.

1140 — La Harpe. Tangu et Zélime. Suite de 5 vignettes in-12.

Superbes épreuves, marge vierge.

1141 — J.-J. Rousseau. Titres, Sciences et Arts, tomes I, II, III. Héloïse, tomes I, II, III, IV. — Lettres sur la Botanique, tome I, II ; en tout 9 p. in-8.

Très-belles épreuves.

1142 — Parnasse des dames, 4 titres différents, charmantes compositions, ornées d'Amours. In-8.

Superbes épreuves.

MARIN (D'après)

1143 — The Charmes of the Morning, jolie pièce en couleur dans un encadrement ovale équarri doré.

Superbe épreuve.

MAROT (D'après F.)

1144 — Sur le haut d'un rocher assis, Poliphème voit Galathée, etc., par *B. Audran.*

Superbe épreuve, grande marge.

MASQUELIER

1145 — Cartouche entouré de fleurs et de plantes pour être collé sur les boîtes ou bocaux d'un parfumeur, de trois grandeurs différentes. 3 pièces rares.

Superbes épreuves.

MOITTE (D'après)

1146 — Le Jaloux endormi, par *Vidal*, avant la lettre.

Superbe épreuve, marge.

MONDHARE (Chez)

1147 — L'agréable Surprise : Jeune homme pénétrant dans la chambre d'une femme qui s'habille.

Superbe épreuve, grande marge.

MONSIAU (D'après)

1148 — Illustration pour J.-J. Rousseau, in-4. Héloïse, etc. 20 pièces différentes, 19 avant la lettre, 8 avec la lettre, 6 eaux-fortes pures ; en tout 33 pièces.

Très-belles épreuves, marge.

1149 — Jupiter prêt à lancer sa foudre sur le peuple. In-4.

Superbe épreuve, marge.

MOREAU (P.), inv. et sculp.

1150. — Architecture, Monuments romains. 3 pièces à l'eau-forte, dont 2 de la collection Robert Duménil.

Très-belles épreuves in-4.

1151. — Fleurons : Minerve confiant un enfant à une femme nue, eau-forte pure. — Achille confié par sa mère au centaure Chiron, eau-forte pure et terminée, 3 pièces.

Superbes épreuves, toute marge.

MOREAU (D'après J.-M.) le jeune

1152. — Les Délices de la maternité, par *Helman*, 1777.

Magnifique épreuve avant la lettre, toute marge.

1153. — L'Accord parfait, par *Helman*, 1777.

Superbe épreuve avant la lettre, marge du cuivre, au bas, à l'encre, *la Leçon de harpe* 4.

1154. — Les Adieux, par *de Launay* le jeune, 1777.

Magnifique épreuve avant la lettre, marge.

1155. — La Partie de wisch, eau-forte pure, très-rare.

Superbe épreuve rognée.

1156. — La Sortie de l'Opéra, eau-forte pure, très-rare.

Très-belle épreuve.

1157. — 13. Déclaration de la grossesse, par *Martini*, 1776.
14. Les Précautions, par *Martini*, 1777.
15. J'en accepte l'heureux présage, par *Triere*.
16. N'ayez pas peur, ma bonne amie, par *Helman*, 1776.
17. C'est un fils, Monsieur, par *Baquoy*, 1776.
18. Les petits Parrains, par *Baquoy* et *Patas*, 1777.

MOREAU (D'après J.-M.) le jeune

19. Les Délices de la maternité, par *Helman*, 1777.
20. L'Accord parfait, par *Helman*, 1777.
21. Le Pendez-vous pour Marly, par *Guttemberg*.
22. Les Adieux, par *de Launay* le jeune, 1777.
23. La Rencontre au bois deBoulogne, par *Guttemberg*.
24. La Dame du Palais de la Reine, par *Martini*, 1777-

Ces 12 pièces avec A. P. D. R. sont la seconde partie complète du COSTUME PHYSIQUE ET MORAL AU XVIIIe SIÈCLE. Superbes épreuves, toute marge.

1158 — ... Le Lever, par *L. Halbou*.
... La petite Toilette, par *P.-A. Martini*.
... La grande Toilette, par *A. Romanet*.
... La Course des chevaux, par *Guttemberg*.
... Le Pari gagné, par *Camligne*.
... La Partie de wisch, par *Dambrun*.
... Oui ou non, par *N. Thomas*.
32. Le Seigneur chez son fermier, par *J.-L. Delignon*, avec A. P. D. R.
... La petite Loge, par *Patas*.
... La Sortie de l'Opéra, par *Malbeste*
... Le Souper fin, par *Helman*.
... Le vrai Bonheur, par *Simonet*.

Ces 12 pièces sont la troisième partie complète du COSTUME PHYSIQUE ET MORAL AU XVIIIe SIÈCLE. Très-belles épreuves, toute marge.

1159 — Texte du Monument du costume physique et moral de la fin du dix-huitième siècle, ou tableaux de la vie, in-fol. Neuwied-sur-le-Rhin, 1789. 37 pages, demi-rel.

1160 — La Plaine des Sablons : Revue passée, par Louis XVI, des gardes françaises et suisses. Très-grand in-fol., le nom de Moreau à la pointe, gravé par *Malbeste*.

MOREAU (D'après J.-M.) le jeune

1161 — Scène romaine : Jeune fille qui s'évanouit dans les bras de sa mère, in-4, avant la lettre, par *Thomas*. — Mort de Marc-Antonin, par *Dambrun*. 2 pièces.

Belles épreuves.

1162 — Corneille. 26 vignettes in-8, avec la lettre.

Très-belles épreuves.

1163 — Athenaide. 2 eaux-fortes pures, 2 épreuves avant la lettre et 2 avec la lettre. 6 pièces in-8.

Très-belles épreuves.

1164 — Le Comte de Valmont, 6 pièces in-8 avec la lettre et une avant la lettre; en tout 7 pièces.

Très-belles épreuves.

1165 — Crébillon, 9 pièces in-8.

Très-belles épreuves, toute marge.

1166 — Pygmalion avant et avec la pagination, 2 pièces in-4.

Superbes épreuves, marge.

1167 — Illustration pour Molière, 1re suite, 33 p.

Belles épreuves, toute marge, 4 sont remargées.

1168 — Si canimus silvas, etc. Paysage avec bergers, in-8, par *de Ghendt*, avant et avec la lettre. 2 pièces.

Magnifiques épreuves, toute marge.

1169 — Illustration pour les Œuvres de S. Gessner, in-8. 47 pièces avant la lettre, tirage in-4. 51 pièces avec la lettre dont 14 avec le n° du tome.

Magnifiques épreuves, toute marge.

1170 — Illustration pour Télémaque, 24 pièces in-8.

Superbes épreuves, toute marge.

MOREAU (D'après J.-M.) le jeune

1171 — Illustration pour Racine. 8 pieces in-8.

Superbes épreuves, toute marge.

1172 — Illustration pour les lettres d'Héloïse et d'Abeilard. 8 pièces in-4.

Très-belles épreuves.

1173 — Le premier Baiser de l'amour, eau-forte pure, composition un peu différente pour les costumes de la vignette in-4 pour Rousseau ; elle est un peu plus grande.

Belle épreuve, extrêmement rare.

1174 — Illustration pour J.-J. Rousseau, Emile, Julie. 23 pièces in-12.

Superbes épreuves, marge.

1175 — Pour Emile, Héloïse, etc. 29 pièces dont 2 d'après *Le Barbier*. Différents sujets, 22 avant la lettre, 7 avec la lettre avec pagination, 1 eau-forte; en tout 44 pièces in-4.

Superbes épreuves, marges.

1176 — Pour Paul et Virginie. 3, d'après *Girodet* 1, d'après *Lafitte* 1, d'après *Isabey* 1, d'après *Prudhon* 1, d'après *J. Vernet* 1. 8 pièces in-8, et les 3 d'après *Moreau* in-12 ; en tout 11 pièces.

Très-belles épreuves.

1177 — Illustration pour Voltaire. La Pucelle, 1re suite. 20 pièces in-8, avec la lettre.

Très-belles épreuves.

1178 — La Pucelle, 2e suite. 21 pièces in-8 avant la lettre, et 15 avec la lettre pour différence. 36 pièces.

Superbes épreuves, toute marge.

MOREAU (D'après J.-M.) le jeune

1179 — Théâtre et Romans, 1re suite. 51 pièces in-8 avec la lettre, avec 11 doubles dont 8 avant la lettre et eau-forte; en tout 62 pièces.

Très-belles épreuves.

1180 — Théâtre, 2e suite. 44 pièces avant la lettre, et 44 avec la lettre; en tout 88 pièces.

Les avant la lettre, superbes épreuves, toute marge.

1181 — Romans, 2e suite. 33 pièces avant la lettre, et 32 avec la lettre; en tout 65 pièces.

Les avant la lettre, superbes épreuves, toute marge.

1182 — Histoire philosophique du commerce des Indes. 8 pièces in-4, dont 3 en états différents, 6 in-8, avant, avec la lettre et états différents; en tout 14 pièces.

Très-belles épreuves.

1183 — Frontispice du Voyage pittoresque en Suisse, par *Martini*, in-4.

Très-belle épreuve.

1184 — La Henriade, in-4, en 10 chants, suite complète. Les chants 1, 3, 5, 8 en plus, avant la lettre. — La même suite in-8, complète, et le chant 7e, eau-forte pure, par *Masquelier*. 25 pièces.

Superbes épreuves, toute marge.

1185 — La Henriade, in-8, seconde suite, épreuves avant la lettre.

Superbes épreuves, grand papier.

La même avec la lettre, in-8; en tout 20 pièces.

1186 — Henri IV chez le meunier, eau-forte pure, in-fol.

Superbe épreuve, marge.

MOREAU (D'après J.-M.) le jeune

1187 — Henri IV chez le meunier, par *Simonet.*

Très-belle épreuve, marge.

1188 — Couronnement de Voltaire, eau-forte pure avant l'entourage ; au milieu, en bas, A. P. D. R. à la pointe.

Très-belle épreuve, très-rare.

1189 — Couronnement de Voltaire, par *Ch.-E. Gaucher*, sur le Théâtre-Français, le 30 mars 1778, après la sixième représentation d'Irène. Avec les armes Belle et Bonne. *A Madame la marquise de Villette, dame de Ferney-Voltaire.*

Magnifique épreuve, toute marge, état très-rare, au bas, autographe au crayon de M. Combrouse, « Mme Vestris qui vient de réciter l'éloge de V. couronne le buste en même temps que l'acteur Brizard. »

1190 — Couronnement de Voltaire, par *Ch.-E. Gaucher.* Les armes et la dédicace effacés.

Magnifique épreuve, grande marge.

1191 — Hommage rendu à Voltaire sur le Théâtre-Français, etc., par *C.-E. Gaucher*, dans la tablette changée. Persécuté par le despotisme, etc., trois lignes ; adresse de Naudet au milieu du bas.

Très-belle épreuve, marge.

MOUCHET (D'après)

1192 — Couchez-la, sujet gracieux, ovale en hauteur, par *Louis D'Arcis.*

Superbe épreuve, toute marge.

NATOIRE (Charles-François)

1193 — L'Adoration des rois (R. D. 1).

1194 — Jésus en croix. Consummatum est, (R. D. 3), avant dernier état.

Très-belle épreuve, marge.

1195 — Le Printemps (R. D. 4), eau-forte pure.

Très-belle épreuve.

1196 — Le Printemps. — l'Été. — l'Automne. — l'Hiver. 4 pièces terminées.

Très-belles épreuves, toute marge.

NATOIRE (D'après C.-F.)

1197 — Titre de la Pluralité des mondes de Fontenelle, in-8, par *Cochin*.

Très-belle épreuve.

1198 — La tendre Eléonore, petit in-fol., par *Mlle Retord*.

Très-belle épreuve, marge.

1199 — Léda. — Vénus. 2 pièces in-fol., par *Pelletier*.

Superbes épreuves, toute marge.

1200 — Non arvota Marte, etc. : L'Amour aiguisant ses traits à une meule manœuvrée par un enfant. In-folio, par *Peiroleri*.

Superbe épreuve, toute marge.

1201 — Adam et Eve, in-fol., par *J.-J. Flipart*.

Superbe épreuve, toute marge.

1202 — Neptune et Amphitrite, in-fol., gravé à Stockholm, par *Gillbert*, 1763.

Superbe épreuve, marge.

NATOIRE (D'après C.-F.)

1203 — Vénus et Énée, in-fol., par *Flipart*, avant toute lettre. 8
La même avec la lettre. 2 pièces.
Très-belles épreuves, marge.

1204 — Amphitrite, in-fol., par *Fessard*, 1751. 4
Belle épreuve, marge.

1205 — Actéon surprenant Diane et ses Nymphes au bain, in-fol., par *L. Desplaces*. 9
Très-belle épreuve, toute marge.

1206 — Jupiter et Calisto, in-fol., par *Pelletier*. 4. 50
Très-belle épreuve, toute marge.

1207 — Saint Vincent de Paul. — Tableau de la chapelle Saint-Vincent, du côté gauche latéral. — Tableau d'autel de la chapelle des Enfants-Trouvés. — du côté droit — du côté gauche. — Premier et second Tableau des Sœurs. — Premier, second et dernier Tableau, du côté droit latéral. — Premier, second et dernier du côté gauche latéral. 12 pièces, in-fol., par *Fessard*. 15
Belles épreuves, marge.

1208 — L'Eau, le Feu, l'Air. 3 pièces, in-fol., ovales équarris en travers, par *Aveline*. 14
Très-belles épreuves, marge.

1209 — Clorinde baptisée par Tancrède, in-fol., par *A...* 2. 50

1210 — Triomphe d'Amphitrite, assise sur un dauphin, in-fol., par *Claude Duflos*. 5. 50
Superbe épreuve.

1211 — Le Triomphe d'Amphitrite, debout sur une conque traînée par deux chevaux marins, in-fol., par *Moitte*. 5. 50
Belle épreuve.

NATOIRE (D'après C.-F.)

1212 — Le Triomphe de Bacchus, in-fol., par *Cl. Duflos*, avec les armes et huit vers en deux colonnes.

Très-belle épreuve, marge.

1213 — Le même, les armes et les vers effacés, le titre seul.

Belle épreuve, papier vélin, marge.

1214 — Vénus et Adonis, in-fol., par *Michault*.

1215 — L'alliance de la Peinture et du Dessin. — L'alliance de la Poésie et de la Musique. 2 pièces, in-fol. par *Pelletier*.

Belles épreuves.

1216 — Étude : Femme nue, agenouillée et appuyée sur un tertre, in-fol., par *Fessard*.

Superbe épreuve, marge.

1217 — Adam et Eve, debout, in-fol., par *Vasseur*.

1218 — Livre d'Académies, gravées par *Pasquier*, 1745. 12 pièces, in-fol.

Très-belles épreuves, marge.

1219 — Vénus et l'Amour, ovale sanguine, par *Bonnet*. — Didon, sanguine. 2 pièces.

NATTIER (D'après les dessins de)

1220 — Histoire d'Énée, 8. — Psyché, 2. — Vénus et Adonis, 1. — En tout 11 pièces, in-fol., de 1 à 11, gravées par *Audran*, *Tardieu* et autres.

Belles épreuves, grandes marges.

1221 — Nul amour sans peine; nul rose sans épine. — Vénus éprise d'Adonis, etc. 2 pièces, in-fol., par *Lépicié*.

Belles épreuves.

NATTIER (D'après les dessins de)

1222 — La Comédie, in-fol., en travers, par *Fessard*.

Belle épreuve, toute marge.

1223 — Les Plaisirs de l'automne? Un amant va verser du vin dans le verre de son amante, in-fol., en travers.

Superbe épreuve avant toute lettre.

NATTIER (D'après J.-B.)

1224 — (Danaé). Pour enchanter cette belle, Jupiter se change en or, etc., grand in-4, par *Beauvais*.

Superbe épreuve, grande marge.

NICOLET (D'après)

1225 — Le Sacrifice à Cérès, 1784, à la pointe, chez *Crepy*.

Très-belle épreuve, grande marge.

OLLIVIER (D'après)

1226 — Jeune Femme assise regardant à droite. — Jeune Femme qui pêche à la ligne. 2 pièces. *Fac simile* en couleur, par *Bonnet*.

Superbes épreuves, marge.

OUDRY (Inventé et gravé par J.-B.)

1227 — Arrivée des Comédiens au Mans (R. D. 55), en travers.
Bataille arrivée dans le tripot (R. D. 56), en travers.
La Rapinière tombe sur la chèvre (R. D. 57)
Lavanture du pot de chambre (R. D. 58).
La Rancune, en brancard, abbatu dans le bourbier (R. D. 59).

OUDRY (Inventé et gravé par J.-B.)

Ragotin s'attire un coup de busc (R. D. 60).
La Rancune coupe le chapeau de Ragotin (R. D. 61).
Ragotin enivré par la Rancune (R. D. 62).
Le Destin se signale dans le combat de nuit (R. D. 63).
Renouvellement du combat (R. D. 64), en travers.
Mauvais succès qu'eut la civilité de Ragotin (R.D. 65).
Ragotin à cheval avec une carabine qui lui tire entre les jambes (R. D. 66). 12 pièces, avant-dernier état décrit, par Robert Dumenil, pour le Roman comique de Scarron.

Les 9 pièces en hauteur sont superbes épreuves avec marge; les 3 en travers ont la dernière ligne de texte coupée. Elles sont bien conservées.

OUDRY (J.-B.), *invenit*

1228 — Ragotin lié par les parents du fol.
Ragotin est renversé dans la boue.
Ragotin, nud et poursuivi, renverse des ruches à miel.
Ragotin s'enfuit nud dans un rosier.
Le someil de Ragotin interrompu par un belier,
Serenade donnée par Ragotin.
On lime le pot de chambre au pied de Ragotin.
L'Olive retressit l'habit de Ragotin.
Ventouse donnée à Ragotin.
Le Destin assailli par un fol.
Arrivée de l'opérateur dans l'hotellerie.
L'on trouve le corps mort de l'hote que l'on avait caché.
Ragotin dans le coffre.
La Rancune s'approprie une paire de botte.

14 pièces non décrites, qui doivent être, de même que les autres, gravées par *Oudry*, pour le Roman comique.
Superbes épreuves avec marge.

OUDRY (J.-B.), *invenit*

1229 — Renouvellement du Combat où deux servantes reçoivent des claques (R. D. 64) 3ᵉ des 5 états.

Superbe épreuve, marge.

OUDRY (D'après J.-B.)

FABLES DE LA FONTAINE

1230 — Le Dragon à plusieurs têtes (XII), par *C.-N. Cochin* et *Beauvais.*

Simonide préservé par les Dieux (XIV), par *C.-N. Cochin.*

Contre ceux qui ont le goût difficile (XXIII), *Cochin* et *Gaillard.*

Le Lion et le Rat, eau-forte pure, la tablette blanche.

Le Paon se plaignant à Junon (XXXIX). par *P.-E. Moitte.*

La Chatte métamorphosée en Femme, eau-forte pure, tablette blanche.

Testament expliqué par Esope (XLII), par *Ph. Le Bas.*

Le Meunier, son Fils et l'Ane, eau-forte pure, avant la bordure.

Le Meunier, son Fils et l'Ane (XLIII), par *Martenasie,* 4ᵉ planche.

L'Ivrogne et sa Femme (XLIX), par *Tardieu.*

Le Lion amoureux, la tablette blanche avant la lettre et avec la lettre, par *J. Ouvrier.* 2 pièces (LXI).

L'Ane et le petit Chien, eau-forte pure, avant la bordure. — La même, par *J. Beauvarlet* (LXV). 2 pièces.

Le Loup, la Mère et l'Enfant, eau-forte pure, avant la bordure. — La même, par *J.-J. Flipart* (LXXVI). 2 pièces.

Le Vieillard et ses Enfants (LXXVIII), par *Noël Le Mire.*

OUDRY (D'après J.-B.)

(SUITE DES FABLES DE LA FONTAINE)

Le Vieillard et ses Enfants, 2e planche, par *R. Gaillard.*
Le Bucheron et Mercure (LXXXIII), par *Cochin* et *Dupuis.*
Le Laboureur et ses Enfants (XCI), par *Louis Legrand.*
Le Lion s'en allant en guerre (CI), par *Cochin* et *Beauvais.*
Le Pastre et le Lion (CIV), par *Cochin* et *Beauvais.*
Le Vieillard et l'Ane (CXI), par *Teucher.*
L'Ane et ses Maîtres, eau-forte pure, la tablette blanche. — La même, par *P.-F. Tardieu* (CXIV). 2 pièces.
L'Ane et ses Maîtres, par *Lempereur*, 2e planche.
Le Charlatan (CXXII), par *Pitre Martinasi.*
La jeune Veuve, eau-forte pure, la tablette blanche. — La même, par *Marvye* et *Beauvais* (CXXIV). 2 pièces.
Le mal marié (CXXVI), par *P. Chenu.*
La Fille (CXXIX), par *Riland.*
Le Curé et le Mort (CXXXV), par *L. le Grand.*
L'Ingratitude et l'Injustice des hommes (CXXXVIII), par *Ouvrier.*
Les Devineresses (CXXXIX), par *P. Martenasie.*
Un Animal dans la Lune (CXLII), par *J. Ouvrier.*
Le Mort et le Mourant (CXLIII), par *L. Le Mire.*
Le Savetier et le Financier (CXLIV), par *Chenu.*
Les Femmes et le Secret (CXLVIII), par *P.-E. Moitte.*
Tircis et Amarante (CLV), par *Louis Le Mire.* — La même, eau-forte pure, avant la bordure. 2 pièces.
Le Rieur et les Poissons (CL), par *P.-F. Tardieu.*
L'Horoscope (CLVIII), par *J.-C. Teucher.*
L'Avantage de la science (CLXI), par *P.-E. Moitte.*

OUDRY (D'après J.-B.)

(SUITE DES FABLES DE LA FONTAINE)

Le Singe et le Léopard (CLXXII), par *L. Le Mire.*
Le Singe et le Léopard, 2e planche, par *Aveline.*
Le Fou qui vend la Sagesse (CLXXVII), par *C. Baquoy.*
L'Huître et les Plaideurs (CLXXVIII), par *B.-L. Prevost.*
Le Mari, la Femme et le Voleur (CLXXXIV), par *J.-C. Teucher.*
Le Loup et les Bergers (CXCIV), *P.-S. Moitte.*
Les Poissons et le Berger qui joue de la flûte (CXCIX), par *Cars.*
Daphnis et Alcimadure (CCXL), par *B.-L. Prevost.*
La matrone d'Éphèse, eau-forte pure, la tablette blanche. — La même (CCXLIII), par *Marvie.* 2 pièces.
La Matrone d'Éphèse, par *Aveline*, 2e planche.
Belfegor (CCXLIV), 2e planche, par *L. Lempereur.* 55 pièces. Seront divisées.

Très-belles épreuves.

(Voir Contes de La Fontaine, nos 1252 à 1259).

OZANNE (D'après P.)

1231 — Ornements de proues de divers bâtiments, gravés par *Y. le Gouaz* et *J.-J. Coiny.* 24 pièces

Très-belles épreuves, marge.

PARIS (D'après)

1232 — Trophée de Bacchus avec deux masques, par *Choffard.*

Superbe épreuve, très-grande marge.

PARIZEAU

24 1233 — Troisième Recueil de figures drapées. 14 pièces, tirées par deux sur la feuille, plus quatre sujets sur une feuille, avant la planche coupée en quatre. 15 pièces sur 8 feuilles.

Très-belles épreuves, toute marge.

20 1234 — Sacrifice aux Graces, in-4, en bistre. Fontaine 18

Très-belle épreuve.

PARROCEL (D'après)

Nig 5 1235 — Le Chat, par *Aveline*. P. Arbre 18

Superbe épreuve marge.

Vig 12 1236 — La Becquée, chez Basset. P. Arbre 16

Très-belle épreuve, marge.

Vig 14 1237 — (Chasse au lion). Hujus æri insculptæ. — (Chasse au tigre). Le chasseur sème ordinairement, etc. 2 pièces, par *L. Desplaces*. P. Arbre 14

Superbes épreuves, grande marge.

Vig 21 1238 — Halte des Gardes françaises. — Haltes des Gardes suisses. 2 pièces, en travers, par *L. Desplaces*. Millet 25 P. Arbre 18 Fontaine 20

Superbes épreuves, toute marge.

PAROY (Comte de), 1789

Nig 31 1239 — La Fontaine, au centre d'une multitude de petits sujets des fables posés sur tous les sens. — Statues, groupes et bas-reliefs antiques, posés sur tous sens. 2 pièces, grand in-fol., en rond, pour servir de dessus de guéridon. Rares. Michel 11 L. B.

Superbes épreuves, grandes marges.

PATER (D'après)

PIÈCES EN HAUTEUR

1240 — Vivandières de Brest, par *Le Bas*.
Magnifique épreuve, marge vierge.

1241 — La Pintresse, par *Galimar*.
Très-belle épreuve, marge.

1242 — La belle Bouquetière. — L'agréable Société. 2 pièces, par *Fillœul*.
Superbes épreuves, toute marge.

1243 — L'Orchestre de village. — Marche comique. 2 pièces, par *Ravenet*.
Superbes épreuves, toute marge.

1244 — Les Plaisirs de la Jeunesse, Colin-Maillard. — Le Concert amoureux. — La Conversation intéressante. — La Danse. 4 pièces, par *Fillœul*.
Superbes épreuves, toute marge.

PIÈCES EN TRAVERS

1245 — (La Bohémienne), du cabinet du duc de Choiseul, in-4.
Belle épreuve, toute marge.

1246 — L'Age d'Or : Enfants jouant, une petite fille est tombée à terre. — L'Age d'Or : deux Chiens traînent une petite fille, dans un petit chariot. 2 pièces, in-4, par *Lalive*. Rares.
Très-belles épreuves.

1247 — Le Bain. — La Feste italienne. 2 pièces, par *Cl. Duflos*.
Superbes épreuves, grandes marges.

PATER (D'après)

1248 — Le Désir de plaire, par *Surugue*, 1743.

Magnifique épreuve, marge.

1249 — Le Plaisir de l'été, par *Surugue*, 1741.

Magnifique épreuve, toute marge.

1250 — L'Amour et le Badinage. — Les Amants heureux. 2 pièces, par *Fillœul*.

Superbes épreuves, toute marge.

1251 — Arrivée des Comédiens dans la ville du Mans, par *L. Surugue*, 1729.
Bataille arrivée dans le tripot qui trouble la comédie, par *Edm. Jeaurat*.
Ragotin à cheval, sa carabine lui tire entre les jambes, par *L. Surugue*, 1730.
La Rappinière tombe sur la chèvre, par *L. Surugue*.
La Rancune coupe le chapeau de Ragotin, par *L. Surugue*.
Arrivée de l'Opérateur à l'hostellerie, par *G. Scotin*.
Le poète Roquebrune rompt la ceinture de sa culotte, par *Edme Jeaurat*. 1732.
Ragotin declame des vers, des Paysans croïent qu'il prêche, par *B. Audran*.
Le Destin retire Ragotin du rosier où il s'était jeté en fuyant la Rancune, qu'il croyait mort, par *P. Surugue*.
Ragotin tiré du coffre où la Servante l'avait enfermé, par *L. Surugue*. 1732.
Un Serrurier coupe le pot de chambre pour dégager le pied de Ragotin, par *L. Surugue*.
Pyramides d'ailes et de cuisses de poulets, par *Lépicié*.
Madame de Bouvillon ouvre la porte à Ragotin qui lui fait une bosse au frond, par *P. Surugue*.

PATER (D'après)

Madame Bouvillon, pour tenter le Destin, le prie de lui chercher une Puce, par *L. Surugue.* 1783.

Ragotin trouve des Bohémiens dans sa maison de campagne, par *Lépicié.* 1735.

Ragotin pousse brusquement dans l'eau le père Giffiot qui entraîne le Cocher, et celui-cy le Paysan, par P. *Surugue fils.*

Suite de 16 pièces, pour le roman comique de Scarron. Superbes épreuves, toute marge.

CONTES DE LA FONTAINE

1252 — La Matrone d'Éphèse, par *Fillœul.* 1736.

Très-belle épreuve, petite marge.

1253 — Le Glouton, par *Fillœul.* 1736.

Très-belle épreuve, marge.

1254 — Le Cocu battu et content, par *Fillœul.*

Superbe épreuve, toute marge.

1255 — Les Aveux indiscrets, par *Fillœul.*

Superbe épreuve, toute marge.

1256 — Le Baiser donné, par *Fillœul.*

Superbe épreuve, toute marge.

1257 — Le Baiser rendu, par *Fillœul.*

Superbe épreuve, toute marge.

1258 — Le Savetier, par *Fillœul.*

Superbe épreuve, toute marge.

1259 — La Courtisane amoureuse, par *Fillœul.*

Superbe épreuve, toute marge.

(Voir Contes de La Fontaine, nos 1381 à 1385.

PATER (D'après)

26 1260 — L'Essai du bain, par *Voyez*, — Michel 20 Fontaineau 25
Très-belle épreuve, marge.

PESNE (D'après)

Vign. 8 1261 — Femme en buste avec quatre Pigeons, in-4 par *C. G. Rasp*. — Fontaineau 35
Superbe épreuve, marge.

PIERRE (J.-B.-M.)

3 1262 — L'Adoration des Bergers. (de Baudicourt.) 1.
Superbe épreuve, grande marge.

1263 — (L'Été). Sainte Famille avec deux Chérubins (de B. 2).
Très-belle épreuve, marge.

4 1264 — (L'Hiver.) Sainte Famille, la Vierge fait réchauffer l'Enfant Jésus.
Très-belle épreuve, marge.

2 1265 — (Le vieux Mendiant) eau-forte, grand in-8 (de B. 18). 1er état.
Superbe épreuve.

8 1266 — (Le Marché de village) (de B. 30) coll. R. Dumenil. Eau-forte en travers. — Hodan 3 Brand 6
Superbe épreuve, marge.

PIERRE (D'après J.-B.-M.)

PIÈCES EN HAUTEUR

Vign. 5 1267 — Hercule et Diomède par *G. Haas*. — Michel 26
Superbe épreuve, marge vierge.

PIERRE (D'après J.-B.-M.)

1268 — Le Ménage Savoyard, par *Et. Fessard.*
Superbe épreuve, grande marge.

1269 — Le Voyage, par *C. N. Cochin.*
Superbe épreuve, grande marge.

1270 — La Bergère, par *Et. Fessard.*
Superbe épreuve, marge vierge.

1271 — Marché aux Légumes. — Marché aux Poissons. 2 pièces, par *Pelletier.*
Superbes épreuves, toute marge.

1272 — Le Repos de Bacchus. — Le Supplice de Prométhée, 2 pièces, par *P. Chenu.*
Très-belles épreuves, toute marge.

1273 — Le Savoyard. — La Savoyarde. 2 pièces, par *De Larmessin.*
Très-belles épreuves, toute marge.

1274 — Le Printemps. — L'Été. — L'Automne. — L'Hiver. 4 pièces, par *Laurent* : Sujets mythologiques.
Superbes épreuves, marges vierges.

1275 — Le galant Jardinier, par de *F...*
Très-belle épreuve, toute marge.

1276 — Harmonia, seul reste du sang de Gélon, roi de Syracuse, par *C. N. Cochin.*
Superbe épreuve, grande marge.

1277 — Bacchus et Ariadne. — Sacrificium in honore Panos. 2 pièces, par *L. Lempereur.*
Très-belles épreuves, toute marge.

PIERRE (D'après J.-B.-M.)

1278 — Saint Nicolas, par *Nicolas Dupuis*. 1750.

Magnifique épreuve, grande marge.

PIÈCES EN TRAVERS

1279 — Les Villageois de l'Apennin. — Les Jardinières italiennes au marché. 2 pièces, par *J. Ouvrier*.

Très-belles épreuves.

1280 — Léda. — Endimion. 2 pièces, par *N. Delaunay*.

Très-belles épreuves, toute marge.

1281 — Titon et l'Aurore, par *Lempereur*, avant toute lettre.

Magnifique épreuve, toute marge.

1282 — (Massacre des Innocents), eau-forte, par *Lempereur* fils. 1756. Avant la lettre.

Superbe épreuve, toute marge.

1283 — Enlèvement d'Europe. Avant toute lettre.

1284 — Vénus et l'Amour, par *Lévêque*. 1770. Avant la lettre.

Magnifique épreuve, marge.

1285 — Herminie cachée sous les armes de Clorinde, par *St. Fessard*. 1751.

Belle épreuve.

1286 — Tête de Femme, dirigée à gauche, grandeur naturelle. Fac-simile sanguine, par *Lucien*.

1287 — Les Serments du Berger, par *L. Lempereur*.

Superbe épreuve, toute marge.

1288 — L'Enlèvement d'Europe, par *L. Lempereur*.

Superbe épreuve, grande marge.

PIERRE (D'après J.-B.-M.)

1289 — Les Forges de Vulcain, par *L. Lempereur*. 10

Superbe épreuve, toute marge.

PILLEMENT (D'après J.)

1290 — Recueil de différents Panneaux chinois, 4 pièces, par *Th. Vivares* et 1 par *Avril*, sans marge, 5 pièces. 20

Superbes épreuves, 4 avec toute marge.

1291 — Sujets chinois, dans des Kiosques, Baraques, arrangement de plantes et fleurs bizarres, 6 pièces grand in-fol., par *Aveline*. Suite très-rare. 37

Très-belles épreuves.

PRIEUR

1292 — Offrande au dieu Pan, médaillon imprimé avec fond jaune, n. 2. 10

Superbe épreuve.

1293 — Troisième cahier de sujets Arabesques, 4 pièces. 2 50

Superbes épreuves, toute marge.

1294 — Vases, richement ornés (3, 4), 2 pièces. 3

Superbes épreuves.

PRUDHON (P.-P.), del. et sc.

1295 — Enlèvement d'Europe, eau-forte originale, pour le journal des Artistes, in-8. 7

Très-belle épreuve, toute marge.

1296 — Phrosine et Mélidor. In-4. Avant la lettre, avec la tablette. 57

Très-belle épreuve, marge.

PRUDHON (P.-P.), del. et sc.

1297 — Une Lecture, lithographie originale, avant toute lettre.

Superbe épreuve, toute marge.

1298 — Une Lecture, avec la lettre, sur Chine. Superbe épreuve. Toute marge.

Superbe épreuve, toute marge.

1299 — L'Enfant et le Chien, lithographie originale, très-rare épreuve d'essai; au revers, Réception d'une Sorcière.

1300 — L'Enfant et le Chien. Avant toute lettre, sur Chine.

Superbe épreuve, toute marge.

1301 — Une Famille malheureuse, lithographie originale, avant les retouches à la plume, dans le fond et sur la fenêtre. Lith. de G. Engelman. — La même avec les retouches à la plume, le titre changé et lith. de Constant. 2 pièces.

Superbes épreuves.

PRUD'HON (D'après P.-P.)

PIÈCES GRAVÉES

1302 — Jésus portant sa Croix, eau-forte pure. *B. Roger sc. aq.*, à la pointe au milieu. — Le même, terminé avant la lettre, avec les noms à la pointe, sur Chine. — Le même avec la lettre. 3 pièces in-8.

Superbes épreuves, marge.

1303 — Le Christ en croix, manière noire, par *Reynolds*.

Très-belle épreuve.

PRUD'HON (D'après P.-P.)

1304 — Vignettes pour J.-J. Rousseau, dont le premier Baiser de l'amour, par *Copia*. 3 pièces in-8.

Très-belles épreuves.

1305 — Diane ou la Chasseresse. — Daphnis et Cloé au bain, avant la lettre, sur Chine. 2 pièces.

Superbes épreuves, marge.

1306 — La Grotte, par *Roger*, avec la tablette. — Titre de Racine. 2 pièces in-8.

Très-belles épreuves, marge.

1307 — Dafni e Cloe. — Phrosine et Melidor, avant la lettre. 2 pièces in-8, par *Roger*.

Très-belles épreuves.

1308 — Abrocome e Anzia, par *Roger*. — Et Copie contre-partie avant toute lettre. 2 pièces in-8.

Superbes épreuves, toute marge.

1309 — Aminta, eau-forte pure. — La même, par *Roger*, avec la lettre. 2 pièces in-8.

Superbes épreuves, marge.

1310 — Vignettes in-4 pour Gentil-Bernard, avant la lettre : Choisir l'objet. — L'enflammer, par *Beisson*. — En jouir, par *Copia*. 3 pièces.

Superbes épreuves.

1311 — Vignettes in-4 pour Daphnis et Cloé : Le Berger trouvant les Enfants. — La Cigale. — Le Bain. 3 pièces par *Roger* et 6 autres d'après Gérard, par *Godfroy* et autres. Suite complète de 9 pièces avant la lettre.

Superbes épreuves, toute marge.

PRUD'HON (D'après P.-P.)

1312 — La Vertu aux prises avec le Vice, par *Roger*, avant la lettre.
Belle épreuve.

1313 — La Vertu aux prises avec le Vice. — La Raison parle et le Plaisir entraine. 2 pièces in-4, par *Roger*.
Belles épreuves.

1314 — La Caresse, ou l'Amour et l'Amitié, par *Roger*, avant la lettre.
Superbe épreuve.

1315 — Le Coup de patte du Chat, par *Prud'hon* fils.
Belle épreuve.

1316 — Le Désir, tête grandeur naturelle. — L'Étude, statue par *Prud'hon* fils. 2 pièces.
Belles épreuves.

1317 — La Volupté, avant toute lettre. Très-rare.
Superbe épreuve, marge du cuivre entière.

1318 — Enlèvement de Psyché, par Henri-Charles *Muller*.
Superbe épreuve grand in-fol., toute marge.

1319 — Le Zéphir, par *Laugier*, 1820.
Belle épreuve, marge vierge.

1320 — L'Amour séduit l'Innocence, etc. — L'Innocence préfère l'amour à la richesse, d'après Mlle Mayer. 2 pièces, par *B. Roger*.
Magnifiques épreuves avant la lettre, toute marge.

1321 — L'Amour séduit l'Innocence, le Plaisir l'entraîne, le Repentir suit, par *B. Roger*.
Superbe épreuve, marge vierge.

PRUD'HON (D'après P.-P.)

PIÈCES EN TRAVERS

1322 — Minerve alimentant les Sciences et les Arts. In-8, par Mlle *Bleuze*.

Superbe épreuve, marge.

1323 — Entête de Lettre, du Directoire exécutif, sous le nom de Naigeon, par *Roger*.

Magnifique épreuve d'artiste, marge.

1324 — Tête de Marie-Louise, de profil. — Composition pour son fauteuil. 2 eaux-fortes, par *J. de Goncourt*.

Très-belles épreuves.

1325 — La Vengeance de Cérès, par *Copia*, avant la lettre.

Magnifique épreuve, toute marge.

1326 — Innocence et Amour, par *Villerey*.

Magnifique et rare épreuve non terminée, grand in-fol., toute marge.

1327 — Innocence et Amour, par *Villerey*.

Magnifique épreuve grand in-fol., lettre grise, très-grande marge.

1328 — La Justice divine poursuivant le Crime, par *F.A. Gelée*.

Magnifique épreuve très-grand in-fol., toute marge.

1329 — La Justice et la Vengeance divine poursuivant le Crime. In-4, par *Roger*. — Le même, lithographié, par *Moitte*. 2 pièces.

1330 — Une Famille malheureuse, par *Aubry Lecomte*. — La même, pour la Galerie de la Duchesse de Berry. 2 pièces lithographiées.

Belles épreuves.

PRUD'HON (D'après P.-P.)

1331 — La Sainte-Vierge, par Mme *Dumeray*. — La Vierge, par *Aubry Lecomte*. — L'Innocence, par *Grevedon*. 3 pièces lithographiées.

Très-belles épreuves.

1332 — Une Pensée. — La Soif de l'or, par *Aubry Lecomte*, sur Chine. 2 pièces.

Superbes épreuves.

1333 — Marguerite, par *Aubry Lecomte*. — L'Amour, par *Bellenger*. 2 lithographies.

Superbes épreuves.

1334 — L'Ame, par *Boilly*. — L'Étude guide l'essor du Génie. — L'Amour et l'Amitié, par *Aubry Lecomte*. 3 lithographies.

Superbes épreuves.

1335 — La Justice. — La Force, par *Eug. Le Roux*. 2 pièces.

Superbes épreuves.

1336 — Apollon et les Muses. 6 pièces lithographiées, par *Jul. Boilly*.

Superbes épreuves.

1337 — Apollon et les Muses, par *J. Boilly*. 10 figures sur sur 3 feuilles.

Superbes épreuves.

1338 — Les Saisons, Femmes dansantes deux par deux, par *J. Boilly*. 2 pièces.

Superbes épreuves.

PRUD'HON (D'après P.-P.)

1339 — Trois frises d'Amours. — Quatre Figures de Femmes, allégories du Musée de Montpellier. — Le Matin, le Midi, le Soir et la Nuit. 3 pièces, par *J. Boilly*.
Superbes épreuves.

1340 — Zephir, par *Grevedon*. — La Caresse, par *Boilly*. — L'Amour et l'Amitié, par *Colette*. 3 pièces.
Superbes épreuves.

1341 — La Volupté, par *Aubry Lecomte*, sur Chine.
Superbe épreuve.

1342 — Vénus et Adonis, par *Boilly*. — Joseph et Putiphar, par *Eug. Le Roux*. 2 pièces.
Superbes épreuves.

1343 — La Pudeur, par *Bellanger*. — Le Repentir, par *Boilly*. — L'Amour, par *Boilly*. — L'Adresse, par *Bellanger*. 4 pièces.
Superbes épreuves.

1344 — Première Pensée pour Themis, par *J. de Goncourt*, eau-forte. — Themis, deux compositions différentes. Diane, plafond du Louvre. 4 pièces, par *Boilly*.
Superbes épreuves.

1345 — Les Vendanges. — Les petits Dévideurs. — Les petits Fileurs. 3 pièces, par *Aubry Lecomte*, sur Chine.
Superbes épreuves.

QUEVERDO del. et fecit aquaforti

1346 — La Henriade, in-4, terminée au burin, par *Delignon*, *De Longueil*, *Dambrun* et autres. 12 pièces et le portrait de Voltaire avec la scène de Calas en bas, avant toute lettre. En tout 13 pièces. Suite extrêmement rare.
Magnifiques épreuves, marges vierges.

QUEVERDO (D'après)

1347 — Céphise surprise près du bain, ovale équarri, par *Patas.*

Superbe épreuve, toute marge.

1348 — Le Déserteur : Jean-Louis, Vous écoutez tous ? par *Chatelain.* — Montauciel, Camarade je vous laisse, par *Dambrun.* — Alexis, Adieu ! chère Louise, par *Duhamel.* — Le Peuple, Oubliez jusqu'à la trace, par *Dambrun.* 4 pièces rares.

Superbes épreuves, grandes marges.

RADEL in. et fe., 1767

1349 — Intérieur de Palais, Tombeau monumental, Vases, Fontaine, Tombeau. 5 pièces in-4.

Très-belles épreuves.

RANSON (Daprès)

1350 — Premier Cahier de groupes de Fleurs et d'Ornements. 4 pièces.

Superbes épreuves, marge.

RAOUX (D'après Jean)

1351 — Qu'elle a de grâce à lire une lettre galante, par *Franc. Poilly.*

Superbe épreuve, toute marge.

1352 — Oiseau pour t'échapper des mains de cette belle, par *N. Dupuis Junior.*

Belle épreuve.

1353 — Offrande à la Vertu, par *Audouin.*

Très-belle épreuve, marge.

RAOUX (D'après Jean)

1354 — (La Lecture), par *Beauvarlet*.

1355 — (Offrande à Priape), par *Beauvarlet*.

Très-belle épreuve, marge.

1356 — Le Satyre complaisant, *F. Basan exc.*

Magnifique épreuve, toute marge.

1357 — L'Enfance. — La Jeunesse. — L'Age viril. — La Vieillesse. 4 pièces en travers, par *J. Moyreau*.

Très-belles épreuves, petite marge.

1358 — Télémaque dans l'île de Calypso, par *Beauvarlet*.

Superbe épreuve avant toute lettre, signée par le graveur, petite marge.

1359 — Télémaque dans l'île de Calypso, par *Beauvarlet*.

Épreuve avec marge.

REGNAULT (N.-F.)

1360 — Dors! dors, avant la lettre, le nom à la pointe.

Superbe épreuve.

1361 — Matin : avant la lettre, le nom à la pointe.

Très-belle épreuve, marge.

1362 — Matin : Jeune Fille laisse monter son lait en regardant deux pigeons.

Très-belle épreuve, marge.

1363 — (L'Ouvrière en dentelle), avant la lettre, le nom à la pointe.

Très-belle épreuve, marge.

1364 — La Nuit, avant la lettre.

Belle épreuve.

RIVALZ (Antoine)

1365 — (L'Imagination). Robert Duménil (1). — (La Muse des arts) (R. D. 2). — (La Méditation) (R. D. 3). 3 pièces à l'eau-forte in-8.

Très-belles épreuves, marge.

1366 — (Allégorie à la mémoire du Poussin) (R. D. 5).

Très-belle épreuve, marge.

RIVALZ (D'après Antoine)

1367 — (Chute des anges rebelles), par *Bartholome Rivalz.*

Belle épreuve.

ROBERT-DE-SERI

1368 — Jupiter et Antiope (R. D. 2). — Femme vue en buste (R. D. 3). 2 pièces rares.

Très-belles épreuves.

ROSALBA (La)

1369 — Le Printemps, — l'Été, — l'Automne, — l'Hiver. 4 sujets de femmes à mi-corps, par de *F...*

Superbes épreuves, grande marge.

SAINT-AUBIN (D'après de)

1370 — Premier Recueil de chiffres inventés; ces chiffres sont formés de fleurs. 7 pièces.
IIe Recueil de chiffres inventés. 6 pièces.
En tout 13 pièces par *Marillier*, suite très-rare.

Superbes épreuves, marge.

SAINT-AUBIN (D'après AUGUSTIN de)

1371 — Mes Gens, ou les Commissionnaires ultramontains. 8 pièces. — C'est ici les différents jeux des petits polis sons de Paris. 6 pièces. En tout 14 pièce in-4.

Volume dos toile bleue, belles épreuves, toute marge.

SAINT-AUBIN (D'après G. de)

1372 — Comparaison du bouton de rose, par *Dennel.*

Superbe épreuve, toute marge.

1373 — Les Enfants bien avisés, par *P.-F. Tardieu.*

Superbe épreuve, toute marge.

1374 — La Guinguette, divertissement pantomime, du Théâtre-Italien, par *F. Basan.* Rare.

Magnifique épreuve, marge.

1375 — Ballet dansé au théâtre de l'Opéra dans le Carnaval du Parnasse, par *F. Basan.* Rare.

Magnifique épreuve, marge.

SAINT-QUENTIN (D'après)

1376 — Le Sommeil de Vénus, par *Littret,* 1764, avant la lettre.

Superbe épreuve avant la lettre, grande marge.

SANTERRE (D'après)

1377 — Jeune Fille chantant. In-4 par *de Rochefort.*

1378 — A me voir, j'ai les traits d'une beauté divine, par *Chateau,* 1708.

Superbe épreuve.

SANTERRE (D'après)

1379 — Iris à la faveur de ce déguisement, par *Chateau*, 1710.
Magnifique épreuve, marge.

1380 — Quand le masque d'Iris cachait ses traits divins. 1er état, la figure jeune, la tête est un peu penchée à gauche; 2e état, la figure plus âgée et droite. 2 pièces par *Chateau*, 1708.
Superbes épreuves.

SCHALL (D'après F.)

1381 — Le Poirier enchanté, conte de La Fontaine, terminé par *Bonnefoy d'Arles*.
Belle épreuve, toute marge, tâchée d'huile.

1382 — Les Oies de frère Philippe, conte de La Fontaine, par *Laindor de Toulouse*.
Belle épreuve, toute marge.

1383 — La Servante justifiée, conte de La Fontaine, par *Laindor de Toulouse*.
Très-belle épreuve, toute marge.

1384 — Le Gascon puni, conte de La Fontaine, par *Laindor de Toulouse*.
Très-belle épreuve, toute marge.

1385 — Le Bât, conte de La Fontaine, par *Bonnefoy d'Arles*.
Très-belle épreuve, toute marge.
(Voir Conte de La Fontaine, n° 1507.)

1386 — La Saison des amours, par *Augustin Le Grand*.
Très-belle épreuve, marge.

1387 — La Comparaison: Baigneuses avec la Vénus Callipyge forment un groupe des trois Grâces, par *Bouillard*, avant toute lettre.
Magnifique épreuve.

SCHENAU (D'après)

1388 — Le Pardon général. Eau-forte pure. — Le même, par *Louise Gaillard*. 2 pièces.

Très-belles épreuves, marge.

1389 — L'Amour fixé, par *Louise Gaillard*.

Très-belle épreuve, marge.

1390 — L'Ouvrière en dentelle, par *R. Gaillard*.

Superbe épreuve, toute marge.

1391 — La gentille Repasseuse, par *Littret* et *Romanet*.

Superbe épreuve, toute marge.

1392 — L'Origine de la Peinture, ou les Portraits à la mode, par *J. Ouvrier*.

Très-belle épreuve, marge vierge.

1393 — La Lanterne magique, par *J. Ouvrier*.

Très-belle épreuve, marge vierge.

1394 — Le petit Glouton, par *J. Ouvrier*.

Très-belle épreuve, toute marge.

SEVE (D'après de)

1395 — Le Jour. Clitie, abandonnée du soleil, est changée en tournesol. — La Nuit. Diane vient sur le mont Latinus trouver Endymion. 2 pièces par *Mag. The. Rousselet*.

Superbes épreuves, grandes marges.

SILVESTRE (D'après Louis) le jeune

1396 — Renaud et Armide. — (Vénus et Adonis). 2 pièces grand in-fol. par *Chateau*.

SLODTZ (D'après M.-A.)

1397 — Mascarade chinoise faite à Rome, le carnaval de l'année 1735, par les pensionnaires du roi de France en son Académie des arts. Eau-forte par *Pierre.*

Belle épreuve, marge.

SOLDINI (D'après L.-D.)

1398 — La Bergère avec sa flûte, par *Cl. Duflos.*

Superbe épreuve, toute marge.

SUBLEYRAS (D'après Pierre)

1399 — (Triomphe de Bacchus et Ariane), par *Pierre Parrocel.* Eau-forte.

Très-belle épreuve.

SUVÉ (D'après)

1400 — Tête de femme grandeur naturelle regardant à droite. Fac-simile de pastel par *Janinet.*

Très-belle épreuve.

TAUNAY (D'après)

1401 — La Foire de village, par *Descourtis*, en couleur.

Magnifique épreuve avant toute lettre, marge, d'une grande fraîcheur. Collection de Corneilhan.

1402 — La Noce de village, par *Descourtis*, en couleur.

Magnifique épreuve avant toute lettre, marge, d'une grande fraîcheur. Collection de Corneilhan.

1403 — (Le Départ de l'enfant prodigue). — La Débauche. — (Il garde les pourceaux). — Retour chez son père. 4 pièces par *Descourtis*, en couleur, avant la lettre.

Magnifiques épreuves, marges vierges.

TREVISANI (D'après Franciscus)

1404 — Le Jugement de Pâris.

Très-belle épreuve, marge.

VANGOOP (D'après)

1405 — C'est papa. Commencé par feu *N. de Launey* et terminé par son frère.

Superbe épreuve avant la dédicace, toute marge.

VANLO

1406 — Diane venant trouver Endimion.

Magnifique épreuve, toute marge.

VANLO (D'après Carol.)

1407 — (Saint Jean). Inter natos mulierum, etc., par *Wagner*.

Superbe épreuve, toute marge.

VANLOO (D'après Carle)

1408 — (Adorations des bergers), par *L. Cars*. Pièce cintrée.

Très-belle épreuve, marge.

1409 — Triumphator mortis Christus Jésus, par *Salvador Carmona*. Pièce cintrée.

Belle épreuve.

1410 — (Christ en croix), dirigé à droite, par *F. Delgorgue*. Il s'est offert lui-même.

Belle épreuve.

1411 — (Christ en croix) dirigé à gauche, le double plus grand, par *Beauvais*.

Très-belle épreuve.

VANLOO (D'après Carle)

1412 — Saint Grégoire distribue son bien aux pauvres, par *Romanet*.— Saint Grégoire retiré dans une caverne, par *Moles*. — Le même, avant la lettre. — Étant pape, par *Miger*. — Dictant ses mémoires, par *FDupuis*. — Et autre, avant toute lettre. En tout 7 pièces dont 2 avec la lettre.

Très-belles épreuves.

1413 — Recueil de différentes charges dessignées à Rome. 12 pièces gravées par *Le Bas* et *Ravenet*.

Très-belles épreuves, marge.

1414 — L'Élève dessinateur, par *Angélique Bregeon*, 1764. In-4.

1415 — Cléopâtre, — Lucrèce. 2 pièces par *Morghen*.

Épreuves avec marge.

1416 — L'Architecture, — la Peinture, — la Sculpture, — la Musique. 4 pièces par *Et. Fessard*.

Très-belles épreuves, marge.

1417 — La Gaieté. par *P.-Car. Levesque*. Ovale équarri.

Belle épreuve, grande marge.

1418 — Lecture espagnole, par *C. Corbutt*.

Très-belle épreuve, toute marge.

1419 — Qu'il est malin ! qu'il a d'appas ! L'Amour, par *Robertus Strange*.

Très-belle épreuve, petite marge.

1420 — L'Amour clairvoyant, par *Ignace-Sébastien Klauber*.

Superbe épreuve, grande marge, avec dédicace à S. A. I. la grande duchesse Alex. Poulowna.

VANLOO (D'après CARLE)

1421 — (Énée sauvant son père), par *N. Dupuis, junior.*

Très-belle épreuve, marge.

1422 — La Chasse à l'oiseau. — Halte d'officiers. 2 pièces par *Ravenet.*

Très-belles épreuves, grandes marges.

1423 — Les Grâces, par *Jacq.-J. Pasquier.*

Très-belle épreuve, marge.

1424 — Les Baigneuses. Eau-forte pure. — La même, par *L. Lempereur.* 2 pièces.

1425 — Diane et Endymion, par *Jean-Charles Le Vasseur,* pour sa réception à l'Académie.

Très-belle épreuve.

1426 — Mars et Vénus, par *C. Le Vasseur.*

Très-belle épreuve, grande marge.

1427 — Le même sujet: En cédant à l'Amour les plus vaillans guerrier. Réduction, par *F.-S. Ravenet.*

Superbe épreuve, toute marge.

1428 — Apollon et Daphnée, par *Bouillard,* avant toute lettre.

Superbe épreuve, grande marge.

1429 — Clorinde et Tancrède, par *Porporati,* avant la lettre.

Belle épreuve, petite marge.

1430 — Clorinde et Tancrède, par *Porporati.*

Belle épreuve, marge.

1431 — Contrat de mariage, par *René-Élisabeth-Marlié Lépicié,* chez la veuve Lépicié, au Louvre. — La même, chez la veuve de F. Chereau. 2 pièces.

Belles épreuves.

VANLOO (D'après CARLE)

1432 — (Chasse à l'ours). Eau-forte pure, avant toute lettre.
Rare épreuve.

1433 — (Chasse à l'ours), par *J.-J. Flipart.*
Magnifique épreuve, marge.

1434 — Monument : Pyramide avec figures allégoriques sur le socle : Guillelmo comiti Cadogan, etc., par *Nicolas Dorigny*, 1736.
Belle épreuve.

1435 — Conversation espagnole. — Lecture espagnole. 2 pièces grand in-fol. par *Beauvarlet.*
Très-belles épreuves, marges.

PIÈCES EN TRAVERS

1436 — Abram, par le conseil de Sara, prend Agar pour sa femme, par *Louis Desplaces.*
Belle épreuve, marge.

1437 — Toutes les fois que l'Esprit malin envoié du Seigneur se saisissait de Saül, David prenait sa harpe, etc., par *C.-N. Cochin filius.*
Très-belle épreuve, marge.

1438 — La Comédie. Eau-forte pure, avant toute lettre.
Rare épreuve, toute marge.

1439 — La Comédie, — la Tragédie. 2 pièces par *Salvador.*
Très-belles épreuves.

1440 — La Tragédie, avant toute lettre.
Très-belle épreuve.

VANLOO (D'après Carle)

1441 — Le Triomphe de Silène, avant toute lettre, avec les armes de M. de Marigny.
Magnifique épreuve, petite marge.

1442 — Le Triomphe de Silène, par *L. Lempereur*.
Très-belle épreuve, marge.

1443 — Jupiter et Anthiope, par *St. Fessard*.
Belle épreuve, marge.

1444 — Bacha faisant peindre sa maîtresse, par *Lépicié*, 1748.
Belle épreuve grand in-fol., petite marge.

1445 — Le Concert du grand sultan, par *C.-A. Littret*, 1765.
Belle épreuve grand in-fol., petite marge.

1446 — Tête de jeune fille de profil à gauche, grandeur naturelle. Fac-simile crayons noir et blanc, par *Louis Bonnet*, sur papier bleu.
Très-belle épreuve.

1447 — Tête de jeune garçon dirigé à gauche, grandeur naturelle. Fac-simile de crayon noir, par *François*.
Superbe épreuve.

1448 — Tête de petit enfant dormant. Sanguine (264) par *Demarteau*.
Superbe épreuve, marge.

1449 — Académies d'hommes, par *L. Bonnet* (108-130). — Christ (163). — Jeune Homme, par *J.-B. Lucien* (156). 4 pièces sanguine.
Très-belles épreuves.

1450 — Académies d'hommes, par *Demarteau* (32, 36, 37, 39, 40). 5 pièces sanguine.
Très-belles épreuves.

VANLOO (D'après Carle)

1451 — Satyres (41, 42). Académies d'hommes, par *Demarteau* (51, 52, 60). 5 pièces sanguine.

Très-belles épreuves.

1452 — Académies d'hommes, par *Demarteau* (273, 435, 457, 458). Le (501) est avant toute lettre. 5 pièces sanguines.

Très-belles épreuves.

VASSÉ (D'après L.)

1453 — L'Amour et l'Amitié. *Basan exc.* Groupe statue.

Belle épreuve, grande marge.

VERDIER (D'après)

1454 — Quoi! déja les mortels soulevez contre vous : Fuite en Égypte, par *G. Audran.*

Magnifique épreuve, marge.

1455 — Histoire d'Esther : Le roi Assuerus aima Esther. — Qu'avez-vous, Esther. — Aman prit donc une robe royale. — Assuerus étant revenu du jardin planté d'arbres. 4 pièces par *Haussard.*

Très-belles épreuves.

VERDOT (D'après Claude)

1456 — Hercule et Antée, par *Miger.* Grand in-fol.

Belle épreuve.

VERMONT (D'après Colin de)

1457 — Académie d'homme. Sanguine par *Demarteau* (481).

Superbe épreuve.

VERNET (D'après JOSEPH)

1458 — Vue du port de Rouen. Grand in-fol. par *Choffard*, avant toute lettre.

Très-belle épreuve, grande marge.

1459 — 1. Le Port Neuf, ou l'Arsenal de Toulon, vu du parc d'artillerie.
2. L'Intérieur du port de Marseille, vu du pavillon de l'Horloge du parc.
3. La Madrague, ou la Pêche du thon, vu du golfe de Baudol.
4. L'Entrée du port de Marseille, vu de la montagne appelée Tête-de-More, 1760.
5. Le Port Vieux de Toulon, vu du côté des magasins aux vivres, 1762.
6. La ville et la rade de Toulon, vues à mi-côte de la montagne.
7. Le Port d'Antibes, en Provence, vu du côté de la terre.
8. Le Port de Cette, en Languedoc, vu du côté de la mer, derrière la jetée.
9. Vue de la ville et du port de Bordeaux, prise du côté des Salinières, 1764.
10. Vue de la ville et du port de Bordeaux, prise du château Trompette.
11. Vue de la ville et du port de Bordeaux, prise du glacis de la citadelle.
12. Vue de la ville et du port de Bayonne, prise de l'allée de Boufflers.
13. Le Port de Rochefort, vu du magasin des Colonies.
14. Le Port de La Rochelle, vu de la petite rive.

Suite complète de 14 pièces avant toute lettre, par *Cochin* et *Le Bas*.

Superbes épreuves, marge vierge, d'une grande rareté, complètes, en aussi belle condition.

VERNET (D'après)

1460 — La Grecque sortante du bain, par *Daullé*.
Très-belle épreuve, marge.

VERNET (D'après Carle)

1461 — Promenade anglaise, par *Debucourt*, colorié.
Très-belle épreuve, petite marge.

1462 — Officier anglais se rendant à une partie de plaisir, par *Debucourt*, colorié.
Très-belle épreuve, petite marge.

1463 — Artilleur anglais, par *Debucourt*, colorié.
Superbe épreuve, marge.

1464 — Artilleur et Chasseur anglais, par *Debucourt*, colorié.
Superbe épreuve, marge.

1465 — Officiers anglais et écossais, par *Debucourt*, colorié.
Superbe épreuve, marge.

1466 — Militaires écossais, par *Debucourt*, colorié.
Superbe épreuve, marge.

1467 — Famille écossaise, par *Debucourt*, colorié.
Très-belle épreuve, marge.

1468 — Houssard autrichien, par *Debucourt*, colorié.
Superbe épreuve, marge.

1469 — Officier de Dragons danois, par *Debucourt*, colorié.
Superbe épreuve, marge.

1470 — Persan voulant dompter un cheval français, par *Debucourt*, colorié.
Superbe épreuve, marge.

VERNET (D'après Carle)

1471 — Uhlan prussien, par *Debucourt*, colorié. 20

Superbe épreuve, marge.

1472 — Le Kalmuck, par *Debucourt*, colorié. 20

Superbe épreuve, marge.

1473 — Cosaque régulier de la Garde, par *Debucourt*, colorié. 21 Vig

Superbe épreuve, marge.

1474 — Cosaque irrégulier portant des dépêches, par *Debucourt*, colorié. 21 Vig

Superbe épreuve, marge.

1475 — Cosaques au Bivac, par *Debucourt*, colorié. 21

Superbe épreuve, marge.

1476 — Mameluck, par *Debucourt*, colorié. 16

Superbe épreuve, marge.

1477 — Mameluck Porte-Étendard, par *Debucourt*, colorié. 19

Superbe épreuve, marge.

1478 — Officier et Grenadier de la Garde royale française, par *Debucourt*, colorié. 16

Superbe épreuve, marge.

1479 — Dragon et Lancier de la Garde royale française, par *Debucourt*, colorié. 28

Superbe épreuve, marge.

1480 — La Bonne d'Enfant en promenade, par *Debucourt*, colorié. 19

Superbe épreuve, petite marge.

1481 — Rempailleur de chaises, par *Debucourt*, colorié. 18

Superbe épreuve, marge.

VERNET (D'après Carle)

1482 — Le Marchand de Peau de Lapin, par *Debucourt*, colorié.

Superbe épreuve, petite marge.

1483 — La Marchande d'Eau-de-Vie, par *Debucourt*, colorié.

Belle épreuve, marge.

1484 — La Marchande de Cerises, par *Debucourt*, colorié.

Très-belle épreuve, marge.

1485 — La Marchande de Saucisses, par *Debucourt*, colorié.

Belle épreuve, marge.

1486 — La Marchande de Poissons, par *Debucourt*, colorié.

Très-belle épreuve, marge.

VIEN (Marie-Joseph)

1487 — Trompette, Page, Esclave et Vase que l'on portait pour présent à Mahomet.... Porte-enseigne (3). — Bacha à trois queues (4). — Le grand Visir (5). — Bacha d'Egypte (6). — Bacha de Caramanie (7). — Chef des Indiens (8). — Prestre de la Loy (9). — Le Moufti (10). — Himan de la grande Mosquée (11). — Emir-Bachi (12). — Garde du Grand-Seigneur (13) .... — .... — Ambassadeur de Siam (16). — Le Grand-Seigneur (17). — Ambassadeur de Perse (18)..... Chef des Eunuques (20). — Eunuque noir (21). — Sultane de Transilvanie (23). — Sultane blanche (25). — Sultane grecque (26). — Sultane noire (28). Sultane reine (29). Costumes à l'eau-forte de la Mascarade turque faite à Rome, en 1748, par les pensionnaires de l'Académie royale de France. 22 pièces sur 30. Très-grand in-8.

Superbes épreuves, toute marge.

VIEN (D'après M.-J.)

1488 — L'Adoration des Anges, Fac-simile de dessin bistre, par *J.-B. Le Prince.*

Superbe épreuve, marge.

1489 — Autel du jeune Bacchus, par *E.-J. Glairon-Mondet.*

Superbe épreuve, marge.

1490 — La vertueuse Athénienne. — La jeune Corinthienne. 2 pièces, par *Flipart.*

Belles épreuves, marge.

1491 — L'Hermite sans souci, par *S.-C. Miger*, 1764.

Belle épreuve, grande marge.

1492 — Dedale et Icare, eau-forte pure. — Le même, avant toute lettre. 2 pièces.

Très-belles épreuves.

1493 — La chaste Suzanne, par *Beauvarlet.*

Superbe épreuve, toute marge.

1494 — L'Amour empressé (Enlèvement d'Europe), par *Vangelisty.*

Superbes épreuves, toute marge.

VIGÉE (D'après L.)

1495 — Babichon. — Nicodème. 2 pièces, par *F. Basan.*

Superbes épreuves, marge.

VILLEBOIS (D'après)

1496 — Education : Maîtresse d'école, par *Marie-Madelaine Igonnet.* Rare.

Superbe épreuve, toute marge.

VLEUGHELS (D'après N.)

1497 — Fille de Frescati. — Femme grecque en pèlerinage à Rome. — Paysane de Nettuno. — Fille de Rome dottée. 4 pièces in-4, par *E. Jeaurat.*

Superbes épreuves, marge.

1498 — Apollon, Melpomène, Calliope, Clio. — Uranie et Polymnie. — Erato et Euterpe. — Thalie et Terpsicore 4 pièces in-4, par *E. Jeaurat.*

Superbes épreuves, marge.

1499 — Jésus-Christ prenant le Calice, par *E. Jeaurat.*

Très-belle épreuve, petite marge.

1500 — (Résurrection), par *E. Jeaurat.*

Très-belle épreuve, grande marge.

1501 — Sainte Geneviève, par *E. Jeaurat.*

Très-belle épreuve, grande marge.

1502 — Thétis informée par Thémis que son fils Achille, etc. — Achille reconnu. 2 pièces, par *Surugue.*

Superbes épreuves, marge.

1503 — Ce vainqueur que tu vois se fit craindre en tous lieux; Mars et Vénus, par *Petit.*

Très-belle épreuve, marge.

1504 — Loi digne par ses saintes mœurs, par *J. Chereau.*

Superbe épreuve, toute marge.

1505 — Tu n'as péri, Samson, que par la perfidie, par *Dupin.*

Magnifique épreuve, marge.

1506 — Le pouvoir de l'amour : Vénus et Adonis, par *Vanloo.*

Très-belle épreuve, grande marge.

VLEUGHELS (D'après N.)

1507. — Frère Luce, conte de La Fontaine, par *De Larmessin.*

Très-belle épreuve, marge.

1508. — Télémaque dans l'île de Calypso, par *E. Jeaurat.*

Très-belle épreuve.

1509. — (Salomon adorant les Idoles), par *E. Jeaurat.*

Superbe épreuve, petite marge.

WAD (D'après Louis de)

1510 — Le Colombier, par *Vanne Ant.*

Très-belle épreuve, grande marge.

WATTEAU (D'après Antoine)

PIÈCES EN HAUTEUR

1511 — Titre : l'Œuvre d'Antoine Watteau, peintre du Roy...., gravé d'après ses tableaux.... par les soins de M. de Julienne, fixé à 100 exemplaires des premières épreuves, entouré de traits de plume. — L'Art et la Nature, fable allégorique, avec entourage orné. 2 pièces.

Superbes épreuves, marges vierges.

1512 — Figures de Modes dessinées et gravées à l'eau-forte. Titre orné. — Colporteur, par *Jeaurat.* — Pèlerine, par *Jeaurat.* — Le Promeneur, vu de face, regardant à gauche (R. D. 2), original.

4 pièces in-8, imprimées sur la même feuille.

Femme assise, par *Thomassin.* — L'Homme appuyé (R. D. 3), original. — La Femme marchant au fond (R. D. 6) original. — Homme assis dirigé à gauche, par *Desplaces.*

4 pièces in-8 imprimées sur la même feuille.

WATTEAU (D'après Antoine)

L'Homme accoudé (R. D. 1). — Femme assise (R. D. 7). — La Femme marchant à gauche (R. D. 5). — Le Promeneur, vu de profil, regardant au fond (R. D. 4). Ces 4 pièces, eaux-fortes de *Watteaux*, sont imprimées sur la même feuille. 12 pièces sur 3 feuilles.

Superbes épreuves, marge vierge.

1513 — Titre : Figures françaises et comiques, par *Herisset*. Promeneur tenant une canne, par *Cochin*. — Poisson en habit de paysan, par *Desplaces*. — Demoiselle de qualité, par *Thomassin*.

4 pièces in-8 sur la même feuille.

Dumirail en habit de paysan. — Officier en surtout. — Mlle Desmares jouant le rôle de Pèlerine. — Pèlerin de l'île de Cythère. 4 pièces in-8, par *Desplaces*, sur la même feuille. 8 pièces sur 2 feuilles.

Superbes épreuves, marge vierge.

1514 — Les habits sont italiens : La Troupe italienne (R. D. 8), avec *Wattaux* et non *Watteaux*, et l'adresse de Sirois, état non décrit. Voir les états au Catalogue du Baron de Veze (10).

Superbe épreuve, grande marge.

1515 — La Troupe italienne (R. D. 8), avec *Wattaux* et l'adresse de F. Chereau. — Sous un habit de Mezetin, par *Thomassin le fils*. 2 pièces imprimées sur la même feuille.

Superbes épreuves, marge vierge.

1516 — Sous un habit de Mezetin. Copie avec adresse de Sirois ; le cuivre porte 10 millimètres de marge en haut, et dans l'original il n'y en a que trois.

Épreuve avec marge.

WATTEAU (D'après ANTOINE)

1517 — Le Pénitent, par *Filœul*.
Très-belle épreuve, grande marge.

1518 — L'Amante inquiète, par *P. Aveline* (De Veze 95).
Très-belle épreuve, marge.

1519 — La Finette, par *B. Audran* (De Veze 96).
Très-belle épreuve.

1520 — L'Indifférent, par *Scotin* (de Veze 97).
Très-belle épreuve.

1521 — La Sultane, par *B. Audran* (de Veze 98).
Superbe épreuve, marge.

1522 — Le Conteur, par *C.-N. Cochin* (de Veze 105).
Superbe épreuve, marge vierge.

1523 — Le Sommeil dangereux, par *M. Liotard* (de Veze 33).
Superbe épreuve, marge vierge.

1524 — Le Chat malade, par *J.-E. Liotard* (de Veze 15).
Superbe épreuve, marge vierge.

1525 — Harlequin jaloux, par *Chedel* (de Veze 116).
Superbe épreuve, marge vierge.

1526 — La Diseuse d'aventure, par *Cars* (de Veze 113).
Superbe épreuve, marge vierge.

1527 — La Diseuse d'aventure, par *Cars*. Au milieu du bas : Cabinet de M. Oppenort, et à droite : Avec privilége du roi.
Superbe épreuve, grande marge.

WATTEAU (D'après Antoine)

1528 — L'Accord parfait, par *Baron* (de Veze 118).

Superbe épreuve, marge vierge.

1529 — Voulez-vous triompher des Belles, par *Thomassin* (de Veze 117).

Superbe épreuve, marge vierge.

1530 — La Surprise, par *Audran* (de Veze 119).

Superbe épreuve, marge vierge.

1531 — Le Lorgneur, par *Scotin* (de Veze 114).

Superbe épreuve, marge vierge.

1532 — La Lorgneuse, par *G. Scotin* (de Veze 115).

Superbe épreuve, marge vierge.

1533 — La Famille, par *P. Aveline* (de Veze 120).

Superbe épreuve, marge vierge.

1534 — Le Repas de campagne, par *Deplace* (de Veze 121).

Superbe épreuve, marge vierge.

1535 — La Sainte Famille, par *Jeanne Renard du Bos*, ayant : Galerie de M. le comte de Bruhl, et ses armes (de Veze 12).

Superbe épreuve, marge vierge.

1536 — Le Printemps, par *Desplaces*. — L'Esté, par *J. Renard Du Bos*. — L'Automne, par *Faissar*. — L'Hyver, par *J. Audran*. 4 pièces (de Veze 35 à 38).

Superbes épreuves, marges vierges.

1537 — La Sérénade italienne, par *G. Scotin* (de Veze 122).

Superbe épreuve, marge vierge.

WATTEAU (D'après ANTOINE)

1538 — Retour de Chasse (Mme de Vermanton), par *B. Audran* (de Veze 7).

Superbe épreuve, marge vierge.

1539 — Le Concert champêtre, par *B. Audran*. Avant : du Cabinet de M. Bougi, et le privilége (de Veze 123).

Superbe épreuve, marge vierge.

1540 — L'Alliance de la Musique et de la Comédie, par *J. Moyreau* (de Veze 68).

Superbe épreuve, marge vierge.

1541 — La Danse paysane, par *B. Audran* (de Veze 124).

Superbe épreuve, marge vierge.

1542 — La Cascade, par *G. Scotin* (de Veze 125).

Superbe épreuve, marge vierge.

1543 — La Collation, par *J. Moyreau* (de Veze 126).

Superbe épreuve, marge vierge.

1544 — Fêtes Vénitiennes, par *Lau. Cars* (de Veze 127).

Superbe épreuve, marge vierge.

1545 — Les Agréments de l'Été, par *Joulin* (de Veze 128).

Superbe épreuve, marge vierge.

1546 — L'Amour désarmé, par *B. Audran* (de Veze 39).

Superbe épreuve, marge vierge.

1547 — Le Galant Jardinier, par *Jac. de Favannes* (de Veze 111). — L'Amour paisible, en travers, par *Jac. de Favanne* (de Veze 144). 2 pièces imprimées sur la même feuille.

Superbes épreuves, marge vierge.

WATTEAU (D'après ANTOINE)

PIÈCES EN TRAVERS

1548 — Le Bal champêtre, par *Couché*, eau-forte pure avec les armes (de Veze 151), avant toute lettre. Le même terminé pour la Galerie d'Orléans, les armes effacées, mais avant le texte gravé au bas dans la bordure. 2 pièces.

Superbes épreuves, toute marge.

1549 — Iris, c'est de bonne heure avoir l'air à la danse. Chez Sirois (de Veze 137).

Très-belle épreuve, petite marge.

1550 — Heureux âge! Age d'or, où sans inquiétude, par *Tardieu* (de Veze 138). — Iris, c'est de bonne heure avoir l'air à la danse (de Veze 137). 2 pièces chez Chereau, imprimées sur la même feuille.

Superbes épreuves, marge vierge.

1551 — L'Enchanteur (de Veze 136). — L'Aventurière (de Veze 134). 2 pièces, par *B. Audran*, imprimées sur la même feuille.

Superbes épreuves, marge vierge.

1552 — Pour nous prouver que cette belle (de Veze 131). — Arlequin, Pierrot et Scapin (de Veze 132). 2 pièces par *L. Surugue*, imprimées sur la même feuille.

Superbes épreuves, marge vierge.

1553 — Du bel âge où les Jeux remplissent vos désirs, par *J. Moyreau* (de Veze 130). — Les Entretiens badins, par *B. Audran* (de Veze 133). 2 pièces imprimées sur la même feuille.

Superbes épreuves, marge vierge.

WATTEAU (D'après ANTOINE)

1554 — Bon Voyage, par *B. Audran* (de Veze 135). — Coquettes qui pour voir galants au rendez-vous (de Veze 129), 2 pièces imprimées sur la même feuille.

Superbes épreuves, marge vierge.

1555 — Colation champêtre, par *L. Crepy filius* (de Veze 53), avant l'adresse de Basset.

Très-belle épreuve, petite marge.

1556 — Belle, n'écoutez rien, Arlequin est un traître (de Veze 71). — Pour garder l'honneur d'une belle (de Veze 72). 2 pièces, par *Cochin*, imprimées sur la même feuille.

Superbes épreuves, marge vierge.

Copies des 2 mêmes pièces, adresse chez Sirois, marge.

1557 — L'Abreuvoir. — Le Marais (de Veze 55-56). 2 pièces, par *L. Jacob*.

Superbes épreuves, marge.

1558 — Acis et Galathé (de Veze 40). — Chasse aux oiseaux (de Veze 57). 2 pièces, par *C. Caylus*, imprimées sur la même feuille.

Superbes épreuves, marge vierge.

1559 — Le Naufrage : de Watteau à son retour en France, par *C...* (de Veze 16).

Très-belle épreuve, marge.

1560 — Qu'ay-je fait, assassins maudits : Malade poursuivi par la Faculté, par le *C. C.* et *Joullain* (de Veze 17).

Superbe épreuve, toute marge.

1561 — La Danse champestre, par *Dupin*, très-rare.

Superbe épreuve, grande marge.

WATTEAU (D'après ANTOINE)

1562 — Le Passe-temps, par *B. Audran* (de Veze 155).
Superbe épreuve, toute marge.

1563 — Comédiens italiens, par *Baron* (de Veze 75).
Superbe épreuve, marge.

1564 — Les Champs-Élisées, par *N. Tardieu* (de Veze 158).
Superbe épreuve, toute marge.

1565 — La Perspective, par *Crepy* (de Veze 159).
Superbe épreuve, toute marge.

1566 — La Conversation, par *M. Liotar* (de Veze 160).
Superbe épreuve, toute marge.

1567 — La Proposition embarrassante, par *Keyl*, à Dresde.
Très-belle épreuve, toute marge.

1568 — Le Colin-Maillard, par *E. Brion* (de Veze 161).
Très-belle épreuve, marge.

1569 — Pierrot content, par *E. Jeaurat* (de Veze 163).
Très-belle épreuve, toute marge.

1570 — Les Jaloux, par *G. Scotin* (de Veze 164).
Superbe épreuve, marge.

1571 — L'Occupation selon l'âge, par *Dupuis* (de Veze 165).
Superbe épreuve, toute marge.

1572 — Le Plaisir pastoral, par *N. Tardieu* (de Veze 162).
Superbe épreuve, marge vierge.

1573 — Lille de Cithère, par *Larmessin* (de Veze 171).
Très-belle épreuve, marge.

WATTEAU (D'après Antoine)

1574 — Fête au Dieu Pan, par *M. Aubert* (de Veze 46).

Superbe épreuve, grande marge.

1575 — L'Ile enchantée, par *J.-P. Le Bas* (de Veze 176).

Superbe épreuve, toute marge.

1576 — L'Amour au Théâtre-Français (de Veze 76). — L'Amour au Théâtre-Italien (de Veze 77). 2 pièces par *C.-N. Cochin*.

Belles épreuves, toute marge.

1577 — Assemblée galante, par *Lebas* (de Veze 179).

Très-belle épreuve, toute marge.

1578 — Promenade sur les Remparts, par *Aubert* (de Veze 180). Très-grand in-fol., pliée en deux.

Superbe épreuve, marge vierge.

1579 — L'Enlèvement d'Europe, par *P. Aveline* (de Veze 49). Très-grand in-fol. pliée en deux.

Superbe épreuve, marge vierge.

1580 — Triomphe de Cérès, par *Crepy* (de Veze 48). Très-grand in-fol., pliée en deux.

Superbe épreuve, marge vierge.

1581 — Les Plaisirs du Bal, par *Scotin* (de Veze 182). 1er état avant l'adresse de Chereau. Très-grand in-fol. pliée en deux.

Superbe épreuve, marge vierge.

1582 — L'Embarquement pour Cythère, par *Tardieu* (de Veze 183). 1er état avant l'adresse de Chereau. Très-grand in-fol., pliée en deux.

Superbe épreuve, marge vierge.

WATTEAU (D'après ANTOINE)

1583 — L'Accordée de Village, par *N. de Larmessin* (de Veze 184). 1er état avant l'adresse de Chereau. Très-grand in-fol., pliée en deux.

Superbe épreuve, marge vierge.

1584 — La Mariée de Village, par *C.-N. Cochin* (de Veze 186). Très-grand in-fol., pliée en deux.

Superbe épreuve, marge vierge.

1585 — L'Enseigne (de Gersaint), par *P. Aveline* (de Veze 187). Pièce capitale du maître. Très-grand in-fol., pliée en deux.

Superbe épreuve, marge vierge.

ARABESQUES, PANNEAUX D'ORNEMENTS

PIÈCES EN HAUTEUR

1586 — Le Théâtre. — Le Berceau. 2 pièces, par *Huquier* (de Veze 190).

Superbes épreuves, marges vierges.

1587 — Le Galant, par *B. Audran*. — La Grotte, par *Huquier*. 2 pièces (de Veze 200).

Superbes épreuves, marges vierges.

1588 — La Déesse (de Veze 192). — La Pèlerine altérée (de Veze 198). 2 pièces, par *Huquier*.

Superbes épreuves, marges vierges.

1589 — L'Eau. — Le Feu. — La Terre. — L'Air. 4 pièces, par *Huquier* (de Veze 197).

Superbes épreuves, marges vierges.

WATTEAU (D'après Antoine)

1590 — L'Enjoleur, par *Aveline*. — Le Vendangeur, par *Moyreau*. — Bacchus, par *P. Aveline*. — Le Frileux, par *Moyreau* (de Veze 202). 4 pièces.
Superbes épreuves, marges vierges.

1591 — Les Singes de Mars, par *Moyreau* (de Veze 208).
Superbe épreuve, marge vierge.

1592 — Colombine et Arlequin, par Moyreau (de Veze 206).
Superbe épreuve, marge vierge.

1593 — L'Escarpolette, par *L. Crespy filius* (de Veze 207).
Superbe épreuve, marge vierge.

1594 — La Voltigeuse, par *Huquier* (de Veze 210).
Superbe épreuve, marge vierge.

1595 — Feste Bachique, par *Moyreau*. — La Balanceuse, par *Le Bas*. — Partie de Chasse, par *G. Scotin*. — Le May, par *P. Aveline*. 4 pièces (de Veze 209).
Superbes épreuves, marges vierges.

ARABESQUES EN TRAVERS

1596 — Le Chasseur content. — Le Repos gracieux. 2 pièces, par *Huquier* (de Veze 212), imprimées sur la même feuille.
Superbes épreuves, marges vierges.

1597 — Le Berger content, par *L. Crepy filius* (de Veze 213). — Le Marchand d'orvictant, par *Moyreau* (de Veze 216). — La Favorite de Flore, par *Moyreau*. — L'Heureux moment, par *L. Crepy filius*. 4 pièces imprimées par deux sur chaque feuille.
Superbes épreuves, marges vierges.

1598 — Le Printemps — L'Été — L'Automne — L'Hiver. 4 pièces, par *Huquier* (de Veze 211), imprimées par deux sur chaque feuille.
Superbes épreuves, marges vierges.

WATTEAU (D'après ANTOINE)

1599 — La Cause Badine (de Veze 225). — Les Enfants de Momus (de Veze 226). 2 pièces, par *Moyreau*.

Superbes épreuves, marges vierges.

1600 — La Déesse Thvo Chvu. — Idole de la Déesse Ki Mao Sao. — Habillements des habitants de la province de Hou Kouan. — Habillements de ceux de Soutchovene. 4 pièces, par *Aubert*.

Superbes épreuves, toute marge.

WILLE fils (D'après P.-A.)

1601 — La petite Javotte, par *Muller*, 1772. Tête de jeune Fille. In-4.

Très-belle épreuve, marge.

1602 — Le Philosophe du temps passé. In-4, par *J.-G. Wille*.

Superbe épreuve, marge.

1603 — Les Conseils maternels. — La Mère indulgente. 2 pièces in-fol. avant toute lettre, avec les armes, par *Lempereur*.

Très-belles épreuves.

1604 — The Island of Cytherea (l'Ile de Cythère), par *V.-M. Picot*. Grand in-fol.

Très-belle épreuve, marge.

1605 — Le Patriotisme français. — La Double récompense du mérite. 2 pièces, grand in-fol., par *J.-J. Avril*, 1784, avant la lettre.

Très-belles épreuves.

Vve Renou, Maulde et Cock, impr. de la Compagnie des Commissaires-Priseurs, rue de Rivoli, 144. 69903

Dépenses de Wagnière

830 Catalogues, Amérique, Étranger, France		
Paris ~~et distribution~~, affranchissement Poste à 45	373	50
10 Mains et ½ Bandes et enveloppes	15	75
33 Mains chemises à 1/50	49	50
Honoraires 8311.50 4155.75 à 5%.	4363	50
11 Juin voiture	2	20
25 juin — M. Rolt		
29 — voiture	6	50
22 Juillet voiture	4	50
26 août voiture	3	20
7 Septembre	3	20
Retour des portefeuilles de l'hôtel	2	
Retour des portefeuilles vides chez M. Rolt	2	
	4825	85

www.ingramcontent.com/pod-product-compliance
Ingram Content Group UK Ltd.
Pitfield, Milton Keynes, MK11 3LW, UK
UKHW031841260826
14628UKWH00002B/525

9 782014 460421